幼儿园安全管理
与制度建设实践研究

胡文峰 / 主编

中国文联出版社

图书在版编目（CIP）数据

幼儿园安全管理与制度建设实践研究 / 胡文峰主编
. — 北京：中国文联出版社，2023.6
ISBN 978-7-5190-5206-5

Ⅰ.①幼… Ⅱ.①胡… Ⅲ.①幼儿园—安全管理—制
度建设—研究 Ⅳ.①G617

中国国家版本馆CIP数据核字（2023）第096710号

主　　编　胡文峰
责任编辑　刘　旭
责任校对　秀点校对
装帧设计　刘贝贝　李　娜

出版发行　中国文联出版社有限公司
社　　址　北京市朝阳区农展馆南里10号　　邮编　100125
电　　话　010-85923025（发行部）　　010-85923091（总编室）
经　　销　全国新华书店等
印　　刷　北京四海锦诚印刷技术有限公司

开　　本　710毫米×1000毫米　　1/16
印　　张　16.25
字　　数　282千字
版　　次　2023年6月第1版第1次印刷
定　　价　58.00元

编　委　会

C目录
CONTENTS

绪　论　幼儿园安全管理与制度建设实践研究

第一章　滕州市实验幼儿园安全制度汇编

第二章　滕州市实验幼儿园安全规范操作手册

第三章　滕州市实验幼儿园安全目标责任书

绪
论

幼儿园安全管理与
制度建设实践研究

幼儿期是人一生发展过程中的"黄金期",同时也是人一生发展过程中的"脆弱期"。潜在的伤害与危险,影响着幼儿的健康发展,关乎幼儿生命。

"安全"是幼儿成人成才的前提条件,也是幼儿园教育与管理的必要前提。一方面,安全关乎每个幼儿的健康与成长,是幼儿生存和发展的根本需要;关系每个幼儿家庭的幸福和安宁,承载了社会各方的信任与希冀。另一方面,安全也是贯彻落实各级政府和教育主管部门关于学校安全工作的要义,国家对幼儿安全问题极为重视,教育部原部长袁贵仁就曾明确指出,"生命不保,何谈教育"。《幼儿园教育指导纲要》中也明确写道:"幼儿园必须把保护幼儿的生命和促进幼儿的健康放在工作的首位。"

近年来,由于多种原因,我国幼儿园安全伤害事故频发,引起了社会的广泛关注。一些安全事故直接诱发了家长与幼儿园之间的紧张和冲突;有的幼儿家长提出了巨额赔偿,个别幼儿教师甚至遭受人身伤害。每一起幼儿安全事故的发生都让幼儿园园长和教师们感叹:幼教行业成了高危行业。

幼儿园安全事故的发生给幼儿教育主管部门、幼儿园的园长和教师们带来了很大的压力,为了避免一些无休止的幼儿安全纠纷和发生事故后的巨额赔偿,幼儿教育主管部门三令五申要求各幼儿园加强管理,防止幼儿安全事故的发生。而幼儿园的园长和保教人员在工作中切实贯彻主管教育部门的文件要求,在日常幼儿教育工作中强化安全意识,小心谨慎,如履薄冰。

在幼儿园的现实工作中,为了不出任何安全事故,一些幼儿园采取了让幼儿少活动,甚至不活动来保证幼儿的安全,因为幼儿活动越多,潜在的风险就越大。即使是活动,也是在教师有形或无形的严格控制下活动,以避免幼儿安全事故的发生。

活泼好动是幼儿的天性,是幼儿健康成长的重要保障。一方面,幼儿不仅需要在教室里学习和玩耍,而且需要在室外沐浴温暖的阳光,在有绿树、小草、水、砂石等各种自然材料的外在空间里活动和游戏,只有这样,才能满足幼儿大脑发育的需求,让幼儿通过视、听、感、触、嗅的刺激,使大脑细胞连接得更加紧密。

另一方面,游戏活动还是幼儿重要的学习方式。在一般意义上,幼儿园要以游戏为基本活动方式,寓幼儿教育于各项游戏活动之中。幼儿在游戏活动过程中表现出的积极态度和良好行为倾向是人终身学习与发展所必需的宝贵品质。面对幼儿"活动与安全"这一矛盾体，怎样既能保障幼儿的身心安全，又能保证幼儿充分的自由自主的活动？这是我们一线幼教工作者、管理者和学前教育科研工作者十分关注的热点问题。

我园安全管理课题组立足于幼儿园实际，旨在通过全面深入地调查了解幼儿园及周边存在的安全隐患和幼儿园目前安全教育现状，从幼儿园管理的角度进行汇总梳理，积极探索消除各种隐患的对策，充分挖掘和整合幼儿园、家庭、社区三位一体的教育资源，本着"宁可有备无患，不可无备有患"的原则，坚持预防为主、防治结合，采取一系列科学的方法和措施，增强幼儿的安全意识，养成良好的安全行为，提高幼儿的自我保护能力，促进幼儿身心健康和谐地发展。

幼儿园安全领导小组充分调动全园教师的积极性，确保他们能够主动参与、交流探索，从而在思想上和意识上更加重视。老师们主要采用了观察、个案研究、实践反思和经验总结等研究方法，结合园教研组工作的特点，点面结合，利用随机访谈、课例研讨、交流展示、专题沙龙等所掌握的第一手资料进行观察诊断和研讨分析。并以各分园为基准在各个班级分类实施，以安全管理与制度建设、膳食安全、卫生保健安全、安全教育四个方面为研究的突破口，在专家引领和同伴互助的状态下，形成了有效的经验和策略。

一、幼儿园安全管理及制度建设

安全是人类最基本、最重要的需求，安全意味着生命。特别是对于幼儿来说，由于身心发展不成熟，更容易受到意外的伤害，幼儿园必须把保护幼儿的生命和促进幼儿的健康放在工作的首位。作为一名幼教工作者，在实际工作中发现，幼儿园的安全教育存在诸多问题，例如，教育者对安全教育的态度与行为不一致，目标定位不合理，活动时间不足，形式单一方法枯燥，缺乏实际安全教育效果等系列问题。幼儿教育，是功在当代、利在千秋的宏伟大业，既是人本思想的具体体现，也是实施科教兴国战略、建设社会主义和谐社会的重要基础。因此，我们以此为契机，结合幼儿园的实际情况，加大安全工作教育力度，时时、处处、事事讲安全，把安全工作放在工作的首位，为幼儿创设安全、和谐、温馨的物质环境和心理精神环境，将安全教育渗透在幼儿一日生活中，让幼儿在生活中参与安全管理，让幼儿在自我服务、自我管理中受益，并为他们提供交流、交往的机会和环境，满足他们的成就感，充分体验生命的意义。完善安全管理制度，促进幼儿园安全管理工作的实效，持续加强日常安全管理，健全完善幼儿园各项安全工作制度，促进幼儿园安全管理工作的实效。建立切实可行的幼儿园安全体系，签订各种安全责任制，层层签订，层层落实，责任到人。做好家园配合，形成安全管理工作合力，定期召开家长会，举办"家长学校"，向家长宣传安全教育的重要性和必要性，增强家长的安全防范意识，让家长主动参与对幼儿自我保护能力的培养，把安全教育的内容延伸到每个幼儿家庭中。

二、幼儿园膳食安全管理及制度建设

新《纲要》明确要求"幼儿园必须把保护幼儿的生命和促进幼儿的健康放在工作的首位"，因此抓好幼儿园膳食营养是一项非常重要的工作。加强学校饮食安全管理，预防和控制食品安全事故的发生，保障师幼身体健康和生命安全，是以人为本、构建和谐社会的需要，是有效推动幼儿园各项工作的需要。加强领导强化监管夯实学校食品安全工作基础，加大经费投入，完善食堂的各种硬件设施建设，确保食堂的功能齐备设施完善；健全机制，完善管理，提高食堂管理效应，落实食品安全工作责任制，做到领导到位、监管到位，建立完善、科学的食堂食品安全管理工作制度，特别是要建立与制度相对应的各项考核、奖惩细则，确保制度的实施和管理的实效；加强学校食堂内部管理，提高从业人员素质，有效促进整体服务水平，加强幼儿、教职员工的食品安全意识教育，摒弃"不干不净，吃了不得病"的传统习俗，培养卫生、科学、健康、安全的膳食习惯和自我保护意识。营造学校饮食卫生的良好氛围，优化学校育人环境。

三、幼儿园卫生保健安全管理及制度建设

幼儿园卫生保健工作承担着全园幼儿及教职工身心健康发展的监督重任，是保证幼儿园各项工作正常进行的关键。结合本园实际，牢固树立"健康第一，预防为主，防治结合"的思想意识，采取一系列的有效形式和措施，认真执行卫生保健工作计划，营造全园教职工关心和支持幼儿园卫生保健工作的局

面，将保健工作落实得更细、更实，确保全园幼儿的健康成长。

加强晨检，把好疾病防治关，晨检是把好幼儿入园的第一关。坚持每天认真按照晨检要求，做好"一摸、二看、三问、四查、五记"，贯彻"预防为主"的方针，认真做好各种疾病的预防工作。定期向家长宣传有关健康知识，管理好体弱儿、肥胖儿与疾病矫治对象，并与家长联系，定期复查，做到疾病早预防、早发现、早治疗，控制和预防各种疾病和传染病在幼儿园的发生和流行。

搞好环境卫生，做好卫生消毒工作为幼儿创造一个清洁美化的生活环境，是卫生保健工作的一个重要内容。园所经常保持洁净、优美的环境，环境卫生制度化，采取专人打扫和定班定点打扫结合的方法。室内卫生坚持做到每日一小扫，每周一大扫，实行定期和不定期抽查。严格对照卫生保健消毒制度，按顺序规范操作，定期对保育员进行业务培训、抽查，做到与考核挂钩，使每位保育员都能规范操作。

四、幼儿园安全教育及制度建设

幼儿园安全教育是保证幼儿园各项安全工作顺利进行的重要措施，是确保"幼儿园安全防范网络体系"顺利、有效建设的内部动力。通过安全教育，有助于进一步增强人员安全意识，掌握安全常识，提高安全自救能力，及时排除安全隐患，应对各类安全问题，防止安全事故发生，确保人员人身安全及幼儿园公共财产不受损害。幼儿园安全教育主要面向三大主体——幼儿、幼儿园教职工、幼儿家长。

（一）对幼儿园教职工的安全教育

"保教结合"是我国幼儿教育的一大特色，也是幼儿园一贯坚持的重要原则。随着人类对自身研究的不断深入，特别是对幼儿身心发展研究的日益加深，遵循保教结合原则显得更为重要。保中有教，教中有保，其统一性决定了幼儿园教职工安全工作素质与能力的至关重要性。对幼儿园教职工的安全教育主要包括安全意识教育、教师职业道德教育、安全规章制度教育、习惯教育和应对幼儿园日常安全事故的教育等五方面。

1. 安全意识教育

幼儿园安全事故往往出现在"没想到"的地方，其本质是"教职工干惯了、领导看惯了、大家习惯了"的麻痹思想与侥幸心理。因此，教职工安全意识的确立切忌一劳永逸，常抓不懈才是关键。幼儿园各岗、各位、各部门应定期进行幼儿园安全事故案例分析与归因的研讨，尤其是班级教师要经常利用"班组安全例会"的契机对一些新近幼儿园安全事故案例及时讨论与反思，并有针对性地进行相关危险源和预防措施的分析、排查，做到警钟长鸣，有效预防。

2. 安全规章制度教育

我们借助"幼儿园安全防范网络体系"，建立健康、持续发展的管理制度和先进、科学的管理模式，完善了幼儿园各项规章制度和安全责任书，形成了制度管权、管财、管事、管人的工作氛围，实现了由经验管理到科学管理的根本性转轨。

在这个过程中，教职工实现了安全规章制度的学习和内化，此所谓"无规则难成方圆"。因此，安全规章制度教育任重道远。

在幼儿园日常工作中，教职工易出现侥幸心理，认为工作中的条条款款麻烦，常出现"跳着跑"的现象。如果从思想上放松了警惕，工作中就会出纰漏，久而久之难免会出现安全问题。这就是典型的缺乏工作自律意识。因此建立规则，实施"他律"，跟进相关教育，让教职工从事每一项工作时，都能够时刻把"安全"牢记于心，能够自觉遵守规章制度，自觉落实安全措施。

（二）对幼儿家长的安全教育

一切为了幼儿的安全、健康与发展是家园共育的重要职责。为了协助家长朋友做好幼儿的园外安全教育，幼儿园有责任有义务征得家长在"想法上的支持"和"做法上的配合"。幼儿园可利用宣传栏、家长会、家长开放日、家园联系册、家园园地等形式，向家长宣传有关安全知识，请家长配合幼儿园的教育内容，随时对幼儿进行安全教育，帮助幼儿了解掌握必备的自我保护知识，提高幼儿的安全防范意识；在交接幼儿时，家长能主动向教师通报幼儿的身体健康情况、服药情况，便于教师进行护理；当幼儿患重病时，应留家观察治疗，不再继续来园；自觉遵守"幼儿园公约"，积极主动配合幼儿园完成教育、保育幼儿的重任。

（三）对幼儿的安全教育

"授人以鱼，不如授人以渔。授人以鱼只救一时之急，授人以渔则可解一生之需。"如果对幼儿园教职工的安全教育和对幼儿家长的安全教育是"一时之急"的话，对幼儿的安全教育则是"可解一生之需"的重要举措。帮助幼儿了解在幼儿园、居家生活和公共场所中的基本安全知识，知道在紧急情况下如何逃生、自救、自护的简单常识，掌握简单的避险、自救方法，会用常用的报警、救助电话，认识日常安全标记，具备初步地分辨安全与危险的能力。针对幼儿园安全教育形式单一，教师的"高控"现象，结合幼儿年龄特点，开展了丰富多样的安全教育活动，教师创编安全小故事，并将小故事改编成剧本，幼儿、教师、家长扮演角色共同表演。直观形象的教育形式和幼儿的亲自参与与体验，使幼儿掌握了安全知识，增强了幼儿的自我保护意识。教师还自制安全教育的绘本，一系列的教育内容，形成不同的教育活动，实现了安全教育的课程化。

五、结语

经过园安全领导小组的研究，在制度建设和幼儿园安全管理上得以明显提升的同时，推动了幼儿园的发展，以此为依托，辐射带动全体教师思想安全意识提高，发挥骨干示范带动作用，充分实现优质教育资源和先进教育理念的辐射和示范效应。

教师通过浅显易懂的环境创设、开展丰富多彩的主题活动，以及一日生活常规中各个环节渗透的随机安全教育，使幼儿充分感受体验的同时丰富安全知识、提升安全防护技能。并且通过培训、亲子活动、主题活动形成幼儿园、家庭互补的和谐的强大合力，使幼儿、家长、教师的安全意识都有显著的提高，并且影响到周围的人，安全教育见成效。

（1）建立幼儿园各类安全管理机制，并向安全管理精细化迈进。

（2）形成部门间相互支持的安全管理联动氛围，如成立的"安全、卫生检查小组"由园长、保教主任、后勤主任、教研员、保健医生组成，每周进行全园卫生、安全大检查工作，各部门相互配合，相互支持，采取共同联动的形式，确保孩子生活在一个安全、卫生的环境里。

（3）根据小、中、大班不同年龄段幼儿认知水平和年龄特点，开展安全主题教育活动，逐步形成幼儿园安全主题活动，帮助幼儿获得和掌握日常生活中最基本的安全知识和技能，使幼儿逐步懂得爱护自己和他人，不断增强幼儿的自我保护意识和能力。

（4）通过安全领导管理、安全学习培训、安全教育活动、家长参与等策略的实施，提升了教工、家长的安全防范意识和安全教育水平。

（5）在园安全领导小组的带领下，家长们对孩子安全教育的观念有了很大的改变，更注重在日常生活中的幼儿安全技能的培养。并且密切配合幼儿园，强化幼儿的自我保护意识，培养幼儿的良好生活习惯，深化自我保护教育，让幼儿做些力所能及的事情，培养幼儿的自理能力，使幼儿学会照顾自己的基本生活。充分体现了教育的一致性、整合性、和谐性，达到丰富幼儿安全知识，养成他们必要的安全意识和安全行为，培养他们初步的自我保护能力的研究目标。

1. 建立完善的安全监督与管理制度

安全监督与管理制度是有效开展安全管理工作的基础，因而，建立完善的安全监督与管理制度尤为重要，是保证幼儿园安全管理工作有效开展的关键。建立完善的安全监督与安全管理制度需要做到以下几点。

第一，做好监督检查工作，明确责任人，为加强幼儿园安全管理，应明确责任人，园长作为第一责任人，下面分设各个具体负责人，一旦发现工作疏忽，造成安全事故的问题，对各责任人进行追究处理，起到规范与约束作用，切实做好安全管理工作。例如，定期检查幼儿园的消防安全设施，检查幼儿园的教学设施以及娱乐设施等；每天对卫生问题进行检查监督，做好消毒工作，幼儿园教师需要做好安全检查工作，避免幼儿携带尖锐玩具等。

第二，组织安全培训与教育，组织教师不断学习，了解安全教育的重要性，从而使幼儿园教师加强幼儿的安全教育，对幼儿安全问题更加敏感重视，将幼儿安全工作作为主要工作。

2. 加强安全教育，提高幼儿安全意识

幼儿缺乏安全意识也是安全事故频发的原因之一，因而，提高幼儿安全意识，对幼儿进行有针对性的安全教育十分重要。加强安全教育，提高幼儿安全意识需要做到以下几点。

第一，通过故事、儿歌、童话等为幼儿灌输自我保护思想，提高幼儿安全意识，教师可以讲解小红帽、狼伪装羊妈妈哄小羊开门以及白雪公主的故事，在故事中灌输自我保护思想，如别人给的东西不能吃，社会上有坏人，需要提高警惕等，从而有效地进行安全教育，提高幼儿的自我保护意识。

第二，定期进行情境模拟，利用模拟演练的方式，教导学生如何应对突发情况，例如，可以设置电话求救情境、陌生人接触情境、生活中常见的有毒有害物品辨别情境、地震情境、防火情境等，利用此方式对幼儿进行安全教育，使幼儿学会紧急避险的方法。

3. 保证食品安全，建立紧急预警机制

幼儿需要在幼儿园内吃两餐两点，还有餐后水果，因而，食品安全是幼儿园安全的重要组成部分，保证食品安全至关重要，是保障幼儿安全的关键。保证食品安全，建立紧急预警机制需要做到以下几点。

第一，制定严格的食品安全监督机制，安排专业人员进行监督，在食材的选择、购买采集、清洗、烹饪等各个环节都进行监督，避免食堂人员选择便宜腐败的蔬菜肉类与不注重烹饪卫生等问题，保证食品安全卫生。

第二，做好食谱公示工作，食谱公示能够起到监督作用，家长了解幼儿就餐情况的同时，监督幼儿园食品安全，促进幼儿园自觉保证食品卫生与安全。

第三，做好消毒工作，建立紧急预警机制，每日进行卫生与防疫检查，幼儿园是人群聚集场所，幼儿人数较多，年龄小，抵抗力差，是传染病的多发区，因而，必须做好预防工作，避免流行感冒、水痘、猩红热、腮腺炎等传染病的流行。

4. 动员家长配合幼儿园进行安全教育管理工作

幼儿园安全教育管理离不开家长的支持，在动员家长配合幼儿园进行安全教育的情况下安全教育才能够达到事半功倍的效果。动员家长配合幼儿园进行安全教育管理工作需要做到以下几点。

第一，在进行安全教育之后，要求家长回家后与孩子一起演练，帮助幼儿加深记忆，家长也可以考验幼儿的学习成果，纠正幼儿不规范的地方，帮助幼儿真正掌握远离危险、自我保护的方法，此外，还可以提高幼儿的安全意识，使幼儿意识到防范危险，自我保护的重要性。

第二，教师可以组织安全演练，如遇到危险情况时，应如何应对，幼儿园幼儿众多，很难面面俱到，且进行防火演练等活动范围广的活动时，幼儿易发生危险，需要专人保护，通过亲子训练，既能够保障幼儿安全，又能够达到锻炼效果。

第一章 滕州市实验幼儿园安全制度汇编

幼儿园安全例会制度

为进一步加强幼儿园的安全管理，保障幼儿平安、和谐的生活环境，特制定本制度。

（1）全体教职工安全会议由园长主持，一月召开一次。

（2）安全会议召开前召开一次幼儿园安全工作领导小组会议，参加人员为各部位工作人员，由园长或分管安全园长主持。

（3）不定时召开一次小部位安全会议，由分管园长或部门负责人主持，学习有关文件，查找安全隐患，总结安全情况制定整改措施，完成上级下达的紧急任务。

要求：

（1）参加会议人员不得无故或因日常工作而迟到、早退或缺席。

（2）统一使用安全会议记录本，并认真做好会议记录。

（3）保存每次会议资料，统一存档。

幼儿园校园安全管理规定

（1）非本幼儿园工作人员入园，须履行登记手续，经保卫人员许可后，方可入内。幼儿家长凭接送卡入园。

（2）外来车辆要按指定地点摆放整齐。

（3）幼儿园内严禁追逐、打闹，大声喧哗，机动车辆不准鸣笛，保持幼儿园安静。

（4）要爱护花草树木和各种设施，不准攀折、采撷，不准踩踏草坪。

（5）保持校园卫生，不乱扔果皮纸屑，不随地吐痰。

（6）拉送货物出门，必须经门卫人员检查登记，方可放行。

幼儿园安全保卫制度

（1）认真贯彻以预防为主的方针和谁主管谁负责的原则，搞好幼儿园的保卫工作，定期召开领导班子会议，把安全保卫工作纳入幼儿园工作的议事日程。

（2）强化群防意识，定期对广大师生员工进行安全防火、治安防范教育，使他们掌握有关方面的知识，做到有备无患，并教育职工从我做起，自觉消除隐患。

（3）定期进行安全自查，发现问题及时解决。重大隐患要及时报告教育局有关科室，请求协助解决。

（4）加强对教职工的思想教育、师德教育、法制教育，使教师遵纪守法，防止犯罪。

（5）加强对幼儿的管理、教育。对任何幼儿不歧视，不偏爱。对无故不来园的幼儿要及时家访，了解情况，降低事故的发生。

（6）精心组织体育活动和幼儿户外活动，避免事故的发生。无论何时何地，幼儿发生的事故，在场教师都应及时妥善处理，并及时报告幼儿园值班主任。

（7）幼儿园的大型活动要严密组织，职责明确，安全措施得当。要确保活动场地的出入口通畅，设施安全可靠，杜绝意外事故的发生。必要时，要向教育局主管科室报告。

（8）消防设施要做到齐全完备，定期检查、更换，确保有效使用。

（9）防盗措施得力，安装报警器、铁门、铁护栏、铁保险柜，财务室不超存现金过夜。

（10）加强值班，加强对门卫人员的教育管理。严格幼儿出园制度，来宾登记制度和财产管理制度，确保幼儿园安全。

幼儿园幼儿安全接送制度

（1）家长严格遵守幼儿园的作息时间，遵守幼儿园的接送制度，做到持卡按时接送，配合好幼儿园的清园工作。

（2）入园时，家长必须将孩子送到教室与班级教师当面交接；在将孩子交给值班教师之前，幼儿的安全问题由家长负责。

（3）如有特殊原因委托他人接送时，家长要提前联系教师将被委托者之姓名、性别、年龄、特征、衣着、与孩子之间的关系告诉教师。被委托人应具备完全民事行为能力（年满18周岁以上的正常人）。交接孩子时，委托人要凭接送卡或有效证件，实行三方通话确认后，方可接走。

（4）入园前，家长要检查幼儿衣着、用具，并确保安全。幼儿来园时着装应简洁大方，便于运动，有帽子、绳索、金属装饰和带子的衣服不要给幼儿穿；不佩戴各种饰物；鞋子大小合适、便于穿脱，尽量不穿系鞋带的鞋子。

（5）家长要文明有序、穿着得体地来园接送幼儿，不大声喧哗、不穿拖鞋、不吸烟、不随地吐痰、不酒后来园，为幼儿树立好的榜样；离园时，家长不要带孩子在幼儿园内逗留、玩耍，如发生安全事故，由家长承担全部责任。

（6）家长的通讯联系方式或家庭住址如有变化，应及时告知幼儿所在班级教师，保证幼儿园和教师能随时联系到家长。同时，帮助幼儿牢记父母姓名、电话、详细住址等。

（7）未经许可，家长不得擅自进入幼儿活动室、食堂；如无特殊情况，幼儿在园期间谢绝探视。

（8）幼儿因病、事不能入园，请及时电话或信息告知本班级教师，并说明原因。

幼儿园门卫管理制度

为了做好幼儿园治安保卫工作，保证教育教学秩序正常进行，特制定门卫管理制度：

（1）加强对门卫工作的领导，不断提高门卫人员的责任感，落实岗位责任制，确保幼儿园的安全。

（2）坚守岗位，不得擅离职守，严防幼儿走失。坚持定时开关门，幼儿园大门晚上锁门时间：冬季18：10，春夏秋季18：40。

（3）严格控制无关人员进园，对前来办事人员热情接待，问清来由，做好登记工作；做到不随意放行，也不与来人吵闹。外来车辆应放在指定位置，未经允许不得进入园内。

（4）教职员工不准私出园门，如遇特殊情况须经值班主任同意，凭外出请假条方可出入。车辆要停放在指定的车棚内。

（5）教职员工携带物品出园门时，门卫有权检查、扣留物品。园外人员不得进入园内贩卖物品、捡破烂儿、学开机动车辆、扰乱治安和教育教学秩序等。

（6）夜间要按时对院落进行巡视、检查，发现问题及时报告。

（7）非值班人员不得在传达室逗留、玩耍或做其他影响值班的事情。

幼儿园安全工作措施

（1）强化保教人员安全意识，每周组织保教人员进行有关学习，统一思想，达成共识。

（2）把安全工作贯穿于幼儿一日生活中，将幼儿园班级安全工作实施细则作为每个人的自觉行动指南。

（3）严格对幼儿进行晨、午、晚检，避免幼儿将危险物品带入幼儿园。

（4）在教育活动及游戏中渗透安全教育，增强幼儿的自我保护能力。幼儿户外活动要有组织、有计划地进行，保证幼儿在教师视野内。

（5）保教人员要随时随地消除园内、园外一切不安全因素，确保幼儿人身安全。

（6）严格执行接送制度，要求家长持卡接送幼儿，教师进行"三对照"（对照接送卡、对照孩子、对照家长）。

（7）各班加强安全管理，做到人走"三关"，水关、窗关、电关。门卫要加强对幼儿园环境的管理，陌生人入园一律进行登记，避免冒领和破坏。

（8）教育幼儿不玩电，不玩火，不拾废弃物，不跟陌生人走。

（9）教育幼儿要做到"三不伤害"（我不伤害我自己，我不伤害别人，我不被别人伤害）。

（10）严格执行幼儿物品消毒制度，避免传染病的发生，保证幼儿出勤率。

幼儿园校舍安全管理制度

幼儿园园舍为广大师生员工所用，为广大师生员工所管。

（1）加强园舍设施的安全检查，领导小组坚持每周一检查，并做好记录，保证园舍设施的安全使用，发现问题要及时报告和妥善处理。

（2）对于屋面、墙体、厕所和水电气线路、管道学期初进行检查，根据情况进行防护和维修。

（3）全体教职工要加强安全意识，对于自己工作所涉范围内的校舍安全情况要心中有数，发现不安全因素有责任及时向安全领导小组报告，并采取必要的防范措施。

（4）班主任、办公室负责人、部门负责人，是负责本班、本室的财产保管骨干力量。应将空调、钢琴、录音机、黑板、门窗、地面、墙壁、桌椅、照明及生活用品，逐项分配到人，落实管理责任。

（5）做好爱护园舍设施的宣传工作，不断培养幼儿良好文明的生活习惯。

幼儿园教育设施安全管理制度

为了加强幼儿园教育设施的安全管理，明确安全责任，根据有关法律、法规，结合本单位实际，制定本安全管理制度。

幼儿园主要负责人是本单位的安全责任人，对本单位的安全工作负领导责任；安全检查员、班主任对本辖区的教育设施安全工作负直接责任。

教育设施安全管理职责：

（1）各部位责任人每日认真巡查，每周一10：00定期检查分管部位的安全情况，发现隐患，及时消除；不能消除的，维修、更换前应当采取必要的防护措施或设置警示标志。同时，将安全检查情况用安全检查纪实簿的形式做好记录，一周上报一次。

（2）具体分工如下：

执行园长负责：全面安全工作。

班长负责：食堂设施，水、电、消防设施的安全管理，安全通道的畅通。

总务主任负责：户外场地、门窗、楼栏杆、管道、童床、桌椅、生活用品等的安全管理，多媒体各类设施、办公室电脑、音响等电教设施的安全管理。各类体育器械的安全管理及各类安全档案的分类整理。

业务园长负责：大中型玩具的安全管理，幼儿安全教育，安全例会记录，大型活动使用设施安全管理，制定大型集活动安全预案。

班主任负责：班级各类设施的安全管理。

幼儿园安全用电制度

（1）提高认识，严格遵守安全用电制度，执行用电操作规程，做到用电安全。

（2）除电工和专业人员外，任何人不得私接、更换和挪动供电设施，不准毁坏电器设备，违者视情节从严处罚。

（3）线路出现故障应及时向安全管理办公室报告，由专业人员统一处理，非专业人员不得进入配电室。

（4）不经允许不得安装和使用大功率电器，如电炉子、电暖气和电热毯等。一经发现除没收用电器外，还要处以罚款。

（5）注意节约用电，班级和办公室由专人负责用电管理，各部位要做到人走灯灭，若发现长明灯，对当事人提出批评。

（6）各个电源开关由专人管理，班级班主任负责。要求：各电源开关责任明确，坚决做到人走电关。

（7）幼儿园组织专人对电路和用电器进行定期检查和维护，发现隐患及时向主管领导汇报并及时处理。

幼儿园用火安全管理制度

（1）幼儿园管辖范围内不得擅自动用明火，凡因故需用火的部门、人，都必须在安全的地点、专人看管监护、确保安全的条件下进行。

（2）严禁在禁火区内动火，因教学、科研、生产需要在禁火区内动火，应按规定办理"动火许可证"明确动火地点、时间、范围、动火方案、措施、现场监护人、责任人，经审核批准后方能动火。

（3）因教学、科研、生产等活动需进行焊接、切割作业，应严格遵守有关规定，无证不上岗，凡违反本规定应追查有关人员责任，造成后果的交公安消防机构依法处理。

（4）严禁在活动室内动火、用火，如因特殊情况需动火、用火，必须执行严格的审批制度，主管部门必须明确其责任，实行"谁主管，谁负责"的原则。校内基建工地动火、用火，建筑承包单位负责人应对消防安全全面负责，确保工地安全。

幼儿园用水用气安全管理制度

为了保证幼儿园用水用气的安全，各部门定期进行用水用气教育培训，使全体教职工做到安全用水用气。同时，幼儿园对各岗位做以下要求。

（1）食堂用水和使用燃气时，必须严格按照用水及燃气用气的有关要求进行操作，用水用气完毕后一定要严格检查各阀门的关闭情况，部门负责人每天下班前必须亲自检查。

（2）对用水管道（特别是消防用水管道）、燃气管道、热力设备每个月要进行一次检查，（热力冬季正常用气时每天检查一次）对有问题的部件要及时更换维修。

（3）各岗位要认真落实有关部门的要求，不得私自改装燃气、用水及热力管道，一经发现作出严肃处理。

（4）安全管理办公室将定期对各岗位的用水用气情况进行检查，发现问题要及时处理。

（5）幼儿园聘请专业人员对用水用气情况定期检查，特别是对热力换气站、伙房燃气、消防用水等大型重要设备要及时检查维护，确保设备的正常使用。

幼儿园安全检查制度

（1）由各分园安全管理领导小组成员进行安全大检查。

（2）每周一上午定期检查；平时不定期检查，发现不安全因素及时采取措施，消除一切事故隐患。

（3）责任人要做好检查及整改记录，巩固整改效果，确保幼儿园安全稳定。

（4）检查范围：

①场所安全：园舍场地、水电消防设施，玩教具等教育设备；

②安全保卫、稳定，幼儿安全教育的落实，组织活动安全；

③卫生保健、食品安全，周边环境等。

幼儿园安全事故报告制度

（1）为了及时控制和消除发生于幼儿园内的校园安全事故的危害，维护正常的教学秩序，特制定本制度。

（2）本制度所称"校园安全事故"是指发生于幼儿园之中，对在园教职员工、幼儿身体健康、生命安全造成不良影响，或者对幼儿园财物造成重大损害的事故。

（3）任何人对幼儿园安全事故不得隐瞒、缓报、谎报或者授意他人隐瞒、缓报、谎报。

（4）有下列情形之一的，幼儿园教职工应当发现后立即向园长报告，幼儿园应当在发现的1小时内向教育局办公室和教育局安监办公室报告，有传染病嫌疑，应经校医确诊后填写两联单报局安监中队、市卫生监督所、市食品药品监督局。

① 发生火灾等引起重大伤害事故的；

② 发生或有明显征兆可能发生传染病暴发、流行，不明原因的群体性疾病的；

③ 发生或有明显先兆可能发生重大食物中毒事件的；

④ 发生致人伤亡或者可能致人伤亡的暴力伤害事件的；

⑤ 发生或可能发生在园师生被绑架事件的；

⑥ 其他造成在园师生人身伤害或造成在园师生危险的事件。

（5）本制度第四条范围以外的其他校园安全事故应当于事故发生后24小时内向市教育局办公室进行书面报告。

（6）发生校园安全事故，幼儿园应当就该事故保持与教育局的密切联系，及时将事故处理情况和调查情况向教育局进行汇报。

（7）校园安全事故得到控制或者消除后24小时内，有关人员应当以书面形式向园长进行全面汇报。

幼儿园安全工作台账制度

为了全面落实安全工作周查月报、安全预警和重大事故报告等制度，加强幼儿园安全工作管理，使安全工作责任明确，有据可查，特建立本安全工作台账制度。

（1）要求各部位责任人，认真落实每次安全工作会议精神，安全例会、安全教育、安全检查、隐患消除，准确记录安全例会、安全教育、安全检查、安全隐患整改等各项台账。

（2）"安全工作会议台账"要求对会议内容、会议落实情况等详细记录，责任人签名，做到有部署、有落实、有监督。

（3）"安全检查台账"要求对检查组成员、检查地点、查出的安全隐患、处理意见等进行认真记录，负责人签名，确保查出问题，查出实效。

（4）"安全教育活动台账"要求对活动时间、活动名称、活动形式、基本内容、活动效果等都要认真记录，班主任签字，保证活动开展得扎实有效。

（5）"安全隐患整改台账"要求对具体的隐患点、检查鉴定人、鉴定时间、隐患整改情况、整改时间、资金投入等做出详细记录，记录人和整改责任人都要签字，确保发现隐患，落实责任，及时整改。

幼儿园安全奖惩制度

为进一步加强幼儿园的安全管理，坚决杜绝安全事故的发生，确保幼儿在园健康成长，特制定本制度。

（1）奖励规定：对及时发现重大安全隐患，积极上报，并督促有关人员采取有效措施消除隐患的人员，经核实一次性奖励200元。在事故处理中有功人员，一次性奖励200元。

（2）处罚规定：出现安全事故，责任人扣除当月安全奖金。出现大事故，扣发责任人当月奖金并担负所有费用的20%，配班保育员担负所有费用的50%；取消当年责任人评先、评优资格。写出事故经过，分析原因，制定整改措施。

幼儿园安全经费保障制度

（1）安全经费保障制度是幼儿园为安全工作提供必要的经费和物质保障，确保安全工作各项措施贯彻落实的安全管理制度。

（2）幼儿园每学年安排一定比例的安全工作专项经费，用于安全隐患整治、安全知识宣传、事故应急救援、先进个人的奖励等。

（3）幼儿园应尽力保证安全工作专项经费逐年增加和投入。

幼儿园防疫物资管理办法

为进一步加强防疫物资的管理，保证防疫物资的正常供给，特制定以下管理办法。

（1）合理计划防疫物资用量，及时组织、贮备和发放防疫物资，确保各类防疫物资按时供应，避免浪费，贮备清单定期向园疫情处置工作领导小组汇报。

（2）加强防疫物资的入库管理，医用口罩、84消毒液等防疫物资一律放在仓库由专人看管，入库的防疫物资要按品种、数量、规格做好入库登记工作。

（3）各类防疫物资要求分类保存，酒精专库专柜贮备，整齐摆放，做好开窗通风工作，定期做好贮备仓库卫生工作。

（4）加强对防疫物资出库的管理，未经主管领导签字批示严禁出库；出库的防疫物资要按品种、数量、规格做好出库登记工作，防疫物资要用于疫情防控工作，不得随便发放防疫物资。

（5）严格落实对防疫物资的管理，及时报送市局防控指挥中心统一调配的防疫物资使用情况表。

安全教育制度

幼儿园安全教育制度

（1）安全教育的基本要求是：加强对幼儿园教职工的职业道德教育和安全知识技能培训，树立安全第一的思想，提高教职工和幼儿防范安全事故的能力以及在紧急状态下的自救、互救能力。

（2）幼儿园安全教育的主要内容是：安全意识教育和安全防范教育，包括交通安全教育、消防安全教育、食品卫生教育、幼儿园活动安全教育、防触电和防溺水教育及稳中有降类生活安全教育。

（3）安全教育以幼儿为主，让幼儿了解在园和日常生活中基本的安全知识，掌握在紧急状态下避险和自救的简便方法，熟悉常用的报警、救助电话以及日常安全标记，具备初步地分辨安全与危险的能力。尤其要加强对幼儿紧急情况下撤离、疏散、逃生、自救、自护的方法等方面的教育。

（4）幼儿园要针对幼儿特点，将安全教育贯穿于幼儿一日生活各个环节，并通过游戏、教育教学、生活活动等形式，采取幼儿易于接受的方法，自然渗透安全教育，防止教育形式的成人化。

（5）幼儿园的安全教育应当注重幼儿的心理素质教育和心理卫生教育，帮助幼儿克服各种心理压力，防止和减少幼儿因心理疾病而发生的意外伤害事故。

（6）园长指导教师掌握和自觉遵守国家颁布的各类安全法律、法规，熟悉各类安全教育知识和要求，根据地域、环境、季节变化，定期对教职工和幼儿进行安全教育。

（7）要加强教职工职业道德教育，增强其安全工作的责任感，掌握安全知识，提高处理突发事件的能力，掌握紧急状态下组织幼儿自救自护的方法，能够识别幼儿心理疾病并有针对性地加以教育引导，认真履行工作职责。

（8）幼儿园要与幼儿家庭密切配合，多种形式宣传有关安全知识，增强家长的安全意识，实施幼儿园和家庭的同步教育。

幼儿园大型活动审批制度

（1）大型活动审批制度是幼儿园在教育教学活动中举行全园性的集会，以及组织师幼参加校内外大型活动时的安全管理制度。

（2）幼儿园举行全园性的集会应遵循安全第一的原则，做到有序、有组织地集会，严禁一味地强调集会速度，避免幼儿在集会过程中发生挤压和冲撞。

（3）大型活动备案、申报制度。幼儿园举行的各种园内常规性教育教学活动，尤其如运动会之类的大型活动，要实行备案制度，活动报告连同安全预案报总园备案；幼儿园以班级或全园为单位组织各种师幼园外大型集体活动（如春游、参观、野炊等）实行申报制度，活动请示连同安全预案提前报总园，批准后方可组织实施。

（4）经批准举行的各种园外活动需乘坐的交通工具应具有法定营运资质，必须同法定营运单位签订运输合同和安全责任书。

（5）大型集会活动要事先对行车路线、交通工具、场地、设施、设备、消防、疏散通道等进行详细勘察，认真排查各种安全隐患，制定应急预案，确保人身安全。

（6）园外大型集体活动在外就餐需同供餐单位签订食品卫生安全责任书。

（7）严禁组织幼儿参加各种商业性活动。

幼儿园班级日常安全管理制度

（1）让幼儿掌握日常安全常识。不能随意捡东西吃，不能触摸各种电器开关，不把小物件衔在口中，不放脏东西和危险品在口袋里，不离开老师。

（2）教师工作班时间不能聊天，不能串班，不能离开幼儿；工作时间不能接电话和会见客人。

（3）户外活动前一定要派专人检查场地、设备。认真清点人数，同时向幼儿交代应遵守的纪律；活动中不时地注意观察幼儿活动内容和范围；活动结束清点幼儿人数后再组织回教室。

（4）教师或其他人员拿东西走路时要躲开幼儿，以免碰伤幼儿。不能将煮沸的汤和水放在幼儿能碰着的地方。进餐时，必须保证饭、菜、汤的温度适宜时，才能让幼儿用餐。给幼儿增加饭、菜、汤时，不能从幼儿的头上方送来送去。不能在幼儿面前倒开水。

（5）教师要教育幼儿进食时不能谈笑、喧哗，教师要保持安静，不引逗幼儿，以免呛食；不得让幼儿含着饭在口中就去做其他事。用餐结束的幼儿需静坐餐桌旁等待其他幼儿一同排队上楼。上楼时教导幼儿扶好扶手，一步一个台阶。

（6）教师在幼儿离开教室后，要随手关掉录音机、电灯，给孩子一个潜移默化的教育：节约用电。

（7）睡前要求幼儿脱掉外衣，教给幼儿正确的睡姿，避免在被窝里发生意外。

（8）教导幼儿如厕时不吵闹，轻说话，慢走路。

（9）教师要做到"三快"，即"眼快、手快、嘴快"。眼快，不让幼儿离开自己的视野；手快，发现危险及时制止；嘴快，教师要不厌其烦地说。

（10）洗衣粉和洗厕净要写好品名放置在幼儿拿不到的地方，并由专人负责保管。电源开关、刀器、滚水不能让幼儿接触。

（11）如遇幼儿因事受伤，教师首先要冷静并及时处理，耐心询问、仔细查看伤口。如果是烫伤要迅速离开热源，是骨折要固定好伤口位置，再迅速护送到医务室处理。

（12）无论发生任何事故都要立即报告校医和值班主任。

幼儿园教师安全工作职责

（1）晨检教师热情接待幼儿，严格把好"一摸、二看、三问、四查"关；发现异常情况及时寻问家长或找保健室处理；严禁幼儿将危险品带进幼儿园。

（2）教师分饭要严格按照操作程序进行，防止幼儿接近饭菜，对可能出现的危险要有心理准备，以防造成烫伤。

（3）协助保育教师照顾幼儿进餐，要求幼儿细嚼慢咽，吃鱼或带骨头的食物时应教幼儿如何去刺吐骨，防止卡伤幼儿，同时要求幼儿不用勺筷打闹，避免不必要的损害。

（4）在教育活动中，要科学安排幼儿座次，及时纠正不正确的坐姿，避免相互碰撞和脊柱变形。手工课上要教育幼儿正确使用剪刀，避免相互打闹，造成伤害。

（5）在体育游戏活动中，合理安排幼儿的活动量，要动静交替，不可以从高处往下跳。同时还要教育帮助幼儿掌握最基本的安全知识和技能及自我保护能力。

（6）教师在带活动时要有秩序，及时清点人数根据季节天气的变化，给幼儿增减衣服，系好鞋带。以防裤脚、鞋带过长误踩造成摔伤。

（7）户外活动时，首先应环顾看清活动场地，有无危险品、大型玩具有无损坏等并及时处理。带活动的教师不得少于两人，让幼儿在教师的视野内活动，做到放手不放眼，放眼不放心，时刻观察幼儿的活动情况，避免幼儿之间的冲突发生，切不可三人以上聚众聊天。

（8）照顾幼儿午休时，首先要做好交接班工作，认真清点人数，检查幼儿手中、口中及衣服口袋是否有异物，防止幼儿在床上玩耍或食用，及时照顾幼儿就寝，为蹬被的幼儿盖被子，以防着凉感冒，同时注意纠正幼儿的不良睡姿，照顾幼儿大小便，对发现情况及时给予相应处理。

（9）幼儿离园时教师要协助幼儿整理衣帽，进行晚检，严格核对接送卡，无卡不允许接幼儿，对不相识或未成年人接幼儿应杜绝，严防冒领。同时对有异常情况和对持黄红牌的幼儿病情变化应向有关家长详细交代。

（10）幼儿全部接完后，教师应关好门窗、电器、水龙头，锁门前到厕所、活动室、洗手间巡视一遍，确实没有幼儿留下时，再锁门方可离去。

幼儿园电子备课室安全管理制度

（1）教师使用计算机过程中必须爱护一切设备，不得恶意损坏。使用完毕后按正常程序关机。

（2）使用过程中不得随意删除或更改系统设置、主要程序文件和他人文件，安装其他程序须经管理人员批准。

（3）不得携带有病毒的磁盘进入使用，若强行使用必须承担所造成的一切不良后果。

（4）使用过程中若发现电脑故障或不能解决的问题，应及时向管理人员提出。

（5）请自觉保持室内卫生，任何人不得在室内吸烟、喝水、吃零食等。

（6）管理人员应定时对每一台计算机进行检查、杀毒和优化，每天最后离开的人员确保关闭所有计算机，然后拉闸，关好门窗，防火防盗。

（7）上班时间禁止上网聊天，玩游戏。

幼儿园保育员安全工作职责

（1）热情接待每一位幼儿，严格把好"一摸、二看、三问、四查"关，幼儿无异常情况方可入园。

（2）餐前洗手要求保育人员维持好秩序或分组进行，避免幼儿在有水的地方拥挤，以防滑倒或摔伤。

（3）照顾幼儿进餐，严格按照操作程序进行，要求幼儿细嚼慢咽，吃鱼或带骨头的食物时应教幼儿如何去刺吐骨，防止卡伤，同时要求幼儿不用勺筷打闹，避免不必要的损害。监督饭菜质量。

（4）在教育活动中做好配班工作，协助教师指导幼儿正确使用剪刀，不玩弄电源插座、插头，不随便吞吃非食物的东西。

（5）户外活动时，首先应环顾看清活动场地，有无危险品、大型玩具有无损坏等并及时处理。带活动的教师不得少于两人，让幼儿在教师的视野内活动，做到放手不放眼，放眼不放心，时刻观察幼儿的活动情况，避免幼儿之间的冲突发生，切不可三人以上聚众聊天。

（6）照顾幼儿午休时，首先要做好交接班工作，认真清点人数，检查幼儿手中、口中及衣服口袋是否有异物，防止幼儿在床上玩耍或食用，及时照顾幼儿就寝，为蹬被的幼儿盖被子，以防着凉感冒，同时注意纠正幼儿的不良睡姿，照顾幼儿大小便，对发现的情况及时给予相应处理。

（7）在日常生活中，要将危险品（消毒液、杀虫剂、洗涤用品等）放在幼儿不易摸到的地方，同时对幼儿的毛巾、口杯、玩具进行严格消毒，防止传染病的发生。

（8）严格执行幼儿园卫生保健、消毒制度。

（9）严格执行接送卡制度，对无卡、陌生人及未成年人不允许接幼儿，以防冒领；对有异常情况和持黄红牌幼儿病情的变化情况等向有关家长做详细交代。

（10）幼儿全部接完后，协助教师将活动室活动区域整理好，关好门窗、电器、水龙头等，锁门前到厕所、活动室、洗手间等处巡视一遍，确实没有幼儿留下时再锁门离去。

幼儿园班级安全工作细则

一、幼儿入园

（1）负责晨检的老师要热情接待幼儿及家长。

（2）严格查对入园接送卡。严格把好"一摸、二看、三问、四查"关，发现异常情况及时询问家长或找医务人员处理，严禁幼儿将危险品带进幼儿园。

（3）对身体不适或患病幼儿应有详细病情记录。

二、幼儿进餐

（1）餐前洗手要有秩序，避免幼儿在有水的地方拥挤，以防滑倒或摔伤。

（2）老师分饭时，严格按操作程序进行，防止幼儿接近饭菜，对可能出现的危险要有充分的心理准备，以防造成烫伤。

（3）进餐时，老师应要求幼儿细嚼慢咽，吃鱼或带骨头的食物时，应教幼儿如何去刺吐骨，防止卡伤幼儿。

（4）管理幼儿进餐，不准打闹，不拿小勺或筷子当玩具玩，避免造成不必要的伤害。

三、户外活动

（1）保教人员要整理幼儿衣着，随天气变化及时增减衣服。系好鞋带，以防裤脚、鞋带过长误踩造成摔伤。活动前进行安全教育。

（2）进入活动场地，教师首先要环顾一下有无危险品，如砖块、玻璃，大型玩具有无损坏等及时处理，幼儿活动时应划分区域，让幼儿在教师视线内活动。

（3）饭后散步不宜剧烈活动，以免造成幼儿胃肠不适，腹疼、呕吐等。

（4）外出活动时教师不易过分牵拉幼儿手臂，以免造成外伤性桡骨头半脱位。

（5）户外活动以有秩序的集体活动为主，带活动的保教人员不得少于两人，同时要做到放手不放眼，放眼不放心，时刻观察幼儿的活动情况，避免意外及幼儿之间的冲突发生，切不可三人以上聚众聊天。

（6）活动前后，保教人员应及时清点人数，以防走失幼儿，组织好幼儿有次序地进教室。

四、教育活动

（1）在教育活动中安排幼儿座次前后左右应有一定的距离，避免幼儿碰撞。

（2）及时纠正幼儿的不正确坐姿以防脊柱变形，不宜在桌椅间做幅度较大的游戏。

（3）手工课上，教师应正确指导幼儿不把小剪刀当玩具玩，以防致伤。

（4）雷雨天气，教师不可借观赏名义带幼儿到室外或树下，防止电击或损伤幼儿。

（5）体育活动及体育游戏，教师应合理安排幼儿运动量，活动量不应超过幼儿身体的承受限度，防止造成有损健康、有碍幼儿正常发育的伤害事故。由于幼儿骨盆尚未发育完善，不宜做从高处往下跳的活动。

（6）教育和帮助幼儿掌握最基本的安全知识和技能，具有初步的自我保护能力和认识一些常见的安全标志，知道如何自我保护，不动电、不玩火、不随便离开成人及集体，遇到紧急情况能想办法求助。

五、交接班

上午班的老师下班前要和值中午班的老师就班级幼儿情况交接班级人数、幼儿情况、服药情况。

六、幼儿午休

（1）值勤中午的老师要认真清点人数，检查幼儿手中、口中及衣服口袋是否有异物，防止幼儿在床上玩耍或食用。

（2）值班人员要巡回照顾幼儿就寝，及时为蹬被的幼儿盖被子，以防着凉感冒，同时注意纠正幼儿不正确的睡姿。

（3）值班人员不许睡觉，不许在幼儿午休期间离开寝室做其他事情，不许看与专业无关的小说杂志，以免幼儿自行下床外出发生意外情况。

（4）值班人员对生病幼儿给予特殊照顾，对躁动不安的幼儿要观察，询问是否有不适之处，发现情况及时给予相应处理。

（5）对午休中大小便的幼儿，值班人员要及时照顾协助上下床，不得让幼儿自行下床避免摔伤。

七、幼儿离园

（1）离园前教师需协助幼儿整理，如衣帽等，进行晚检，保持幼儿穿戴整洁。

（2）负责送幼儿离园的教师不得少于两人，应严格核对接送卡，无卡不允许接孩子，对不相识或未成年人接孩子应予杜绝，严防冒领。

（3）对一日生活中有异常情况的幼儿和患病幼儿的病情变化应向有关幼儿家长做详细交代。

（4）幼儿全部接完后，教师应将活动室收拾整理好，关好门窗、电器、水龙头，锁门前到厕所、寝室、备课室、洗手间巡视一遍，确实没有幼儿留下方可锁门离去。

八、危险物品的放置

（1）常用的消毒液、杀虫剂、洗剂用品、剪刀、小刀以及小于5cm的小型物品，要放在幼儿摸不到的地方。

（2）花盆、鱼缸要放在牢固的地方，对一些易燃的物品放置的位置要固定。

（3）知道消防器材的位置，遇到紧急情况时会正确使用灭火器。

幼儿园卫生保健制度

（1）必须严格执行卫生部颁布的《托儿所幼儿园卫生保健管理办法》和省、市、区有关卫生保健制度。

（2）制定合理的一日生活制度。注意饮食卫生，两餐间隔不少于3.5小时，每日体育活动不少于1小时，每日户外活动不少于2小时。

（3）每学期全面体检一次，每2个月测量身高体重一次，每学期测视力一次，对弱视幼儿每2个月测查一次；每2个月对幼儿身体健康发展状况进行分析，建立幼儿健康档案登记、统计制度。

（4）坚持晨检、午检、晚检制度，发现疾病及时处理，并做好记录。

（5）新生入园和新工作人员到岗均要先做体检，以后半年验血复查一次，发现肝炎和其他传染病立即离校隔离和治疗。

（6）配合卫生部门做预防接种工作。

（7）为幼儿提供合理膳食。

（8）每天保证供应充足的温度适中的开水，每天起床后、课间、运动后提醒幼儿饮水，培养幼儿自觉饮水的习惯。

（9）每周制定带量食谱，定期计算营养摄取量，每月召开膳食委员会。

（10）培养幼儿良好的大小便习惯，提醒幼儿每天大便一次。

（11）建立体弱幼儿档案，定期对体弱儿进行检查和分析，提出保健措施。

（12）夏季注意为幼儿抹汗、换衣、洗澡、洗头、洗脚；冬季注意为幼儿防寒。

（13）教师必须注意培养幼儿良好的卫生和生活习惯，对幼儿进行安全教育，增强自我保护意识，养成正确的坐、立、行、走姿势，为幼儿成长奠定良好基础。

幼儿园保健老师工作职责

幼儿园卫生保健人员对全园幼儿身体健康负责，其主要职责如下。

（1）协助园长组织实施有关卫生保健方面的法规、规章和制度，并监督执行。

（2）负责指导调配幼儿膳食，检查食品、饮水和环境卫生。

（3）负责晨检、午检和健康观察，做好幼儿营养、生长发育的监测和评价；定期组织幼儿健康体检，做好幼儿健康档案管理。

（4）密切与当地卫生保健机构的联系，协助做好疾病防控和计划免疫工作。

（5）向幼儿园教职工和家长进行卫生保健宣传和指导。

（6）妥善管理医疗器械、消毒用具。

幼儿园疫情报告管理制度

（1）为加强幼儿园疫情报告管理工作，根据《中华人民共和国传染病防治法》的规定，成立传染病防治领导组织，建立传染病疫情报告网络，固定专（兼）职疫情管理人员、消毒人员，积极应对突发公共卫生事件的发生。

（2）执行职务的医疗保健、疫情管理人员为责任疫情报告人，幼儿园领导、老师为义务报告人，责任疫情报告人和义务报告人发现法定传染病病人、疑似病人和病原携带者应在规定时限内，向辖区内疾病预防控制机构报告。责任疫情报告人应认真学习《中华人民共和国传染病防治法》《突发公共卫生事件应急处理条例》等法律法规和传染病防治知识，熟练掌握常见传染病诊断、报告、隔离消毒及疫情处理程序，切实增强传染病防治能力。

（3）责任疫情报告人发现传染性疾病，于2小时内通过传染病疫情监测信息系统进行报告。

（4）传染病暴发、流行时，责任疫情报告人应当以最快的通讯方式向当地疾病预防控制机构报告疫情。

（5）要进一步落实"一日三检两报告"制度，对请假、缺课的幼儿要询问原因，注意追踪，确保对传染病疫情做到早发现、早报告、早隔离、早治疗。

（6）国家对儿童实行预防接种证制度。儿童入托、入学时，托幼机构、幼儿园应当查验预防接种证，发现未依照国家免疫规划受种的儿童，应当及时向当地疾病预防控制机构或接种单位报告并配合做好补种工作。

（7）要进一步加强卫生防病知识宣传教育工作，采取开设健康教育课、设立宣传栏、举办黑板报等多种形式进行传染病防治知识培训。

（8）要积极开展爱国卫生运动，保持室内外环境卫生。活动室、宿舍要经常通风，设置防蚊灭蝇设施。食堂要讲究卫生，预防食源性疾病和食物中毒的发生。幼儿伙食要合理营养、平衡膳食，加强锻炼，提高身体素质。

（9）单位和个人对突发公共卫生事件和传染病疫情，不得隐瞒、缓报、谎报或者授意他人隐瞒、缓报、谎报，对那些玩忽职守，导致传染病疫情扩散流行的人员，将按照《中华人民共和国传染病防治法》的有关规定予以严肃处理，构成犯罪的移交司法机关。

幼儿园传染病疫情管理制度

根据《中华人民共和国传染病防治法》的有关规定，制定幼儿园传染病疫情报告相关工作制度。

（1）在园所有教职员工、幼儿都是义务疫情报告员，有责任对发现的传染病疫情及突发事件进行报告。

（2）执行晨、午检制度，每日早晨和中午上班前对每位教职员工、幼儿进行相关健康状况及卫生状况检查，并留有详细记录。

（3）在传染病暴发、流行期间，每位教职员工、幼儿发现传染病病人或者疑似传染病病人时，均有权利和义务向疫情管理人员报告或直接向当地的疾病预防控制机构或者医疗机构报告。

（4）在传染病流行期间，幼儿园以班级、办公室为单位，每天定时报告有无传染病病人或者疑似传染病病人。

（5）发现传染病病人或者疑似传染病病人时，由疫情报告人向当地的疾病预防控制机构或者医疗机构报告。

（6）对传染病病人及疑似传染病人进行隔离治疗，对密切接触者进行医学观察至该病的最长潜伏期。

（7）严格消毒制度，正常情况下，每周进行一次卫生大扫除及全面消毒，有疫情发生时，对疫点进行随时消毒和终末消毒。

幼儿园传染病防治制度

（1）幼儿园应认真贯彻实施《中华人民共和国传染病防治法》，成立幼儿园传染病管理领导小组，制订本园传染病预防控制计划和方案确保传染病防治措施在校内实施。

（2）严格执行传染病报告制度。

① 规定幼儿园传染病疫情报告程序，保证传染病发病信息获取渠道通畅、及时。

② 幼儿园保健老师承担疫情责任报告人，主要负责本园传染病疫情收集、核实、登记、报告和分析工作。

③ 幼儿园发生的各类传染病应及时填写《学校传染病报告卡》，在法定传

染病报告时限内上报疾病预防控制中心。

④ 建立幼儿园传染病登记专册，做好传染病病例的登记工作。

⑤ 幼儿园发生师生集聚性发热或公共卫生突发事件应按照《学校公共卫生突发性事件应急处理预案》要求落实相应的措施。

⑥ 禁止瞒报、谎报、缓报传染病疫情。

（3）加强师幼健康情况检查工作。

① 落实每日晨检工作，掌握师幼传染病发病信息，及时发现传染病病人或疑似病人，建立晨检工作登记专册，做好每日晨检记录并执行相关工作制度。

② 每日一次由保健老师对全园师幼健康、传染病发病及出勤情况进行巡查，并做好定期巡查记录。

（4）落实消毒隔离措施。

① 一旦发现传染病病人、病原携带者或疑似病人，应采取及时、有效的隔离措施，并严格掌握患病返校传染病的隔离期限，同时对密切接触者加强医学观察和必要的干预措施，严格控制传染病在园内传播。

② 按照"学校消毒隔离制度"要求，健全和执行学校消毒管理制度，实施预防性消毒和传染病终末消毒工作。

（5）利用幼儿园网络对师幼、家长开展健康教育，普及传染病预防知识。

（6）严格执行幼儿入园预防接种证查验制度，积极实施国家免疫规划要求，保证幼儿完成各类疫苗预防接种，提高幼儿免疫水平。

幼儿园疾病预防制度

（1）加强晨午检查、宣传教育工作，做到预防为主和无病早防、有病早治的原则，做好经常性疾病预防工作。

（2）定期用臭氧机进行室内空气消毒，每次30分钟，地面用"84"水消毒。

（3）及时了解疫情，发现传染病及时报告，做到早诊断、早治疗、早隔离，控制疾病蔓延。

（4）传染病流行期间，不带幼儿到公共场所参加各种活动。

幼儿园环境卫生制度

（1）幼儿园要建立健全室内外环境清扫制度，固定清洁区，并专人负责，每天一小扫，每周一大扫，每周三检查评价、量化分记入考核表。

（2）幼儿所用桌椅，设计和设置要适合幼儿需要，摆设符合采光要求，保证幼儿健康发育。

（3）保持室内清洁、空气清新、定时开窗通风换气，氢气消毒。

（4）保持良好的环境卫生，做到幼儿室外活动区域无砖头、石块、脏东西、垃圾堆等。

（5）厕所要清洁通风，定时打扫并消毒。

幼儿园健康巡查制度

（1）每天早餐前对幼儿进行巡查。

（2）巡查包括发热、咳嗽、咳痰、头疼、呕吐、腹泻、皮肤和黏膜有出血点等内容为主，同时注意幼儿的精神状态。

（3）检查方法包括：一摸、二看、三问、四查。

一摸：是指摸摸幼儿的前额部位，粗知幼儿的体温是否正常，摸摸幼儿颈部淋巴结是否肿大。

二看：是指认真查看幼儿的咽喉部位是否发红，观察幼儿的皮肤、脸色以及精神状况等有无异常。

三问：是指询问一下家长，幼儿在家里饮食、睡眠、排便等生活情况。

四查：是指检查幼儿有无携带不安全的物品到园内来，发现问题及时处理。晨检中如果发现幼儿有身体不适或疾病迹象，应劝说或联系家长带幼儿去医院检查，或暂时将该幼儿隔离，请卫生室医生进一步检查，然后再确定是否入班。

巡查由班主任配合保健大夫负责实施。对于出现以上症状情况，班主任及时通知家长带领其到医院排查诊治，排除诊断后方可回园。对未到园的幼儿，班主任及时与家长取得联系，问明情况，并做好记录，幼儿园应跟踪观察，及时掌握有关情况，对传染病疑似病例或临床诊断或确诊诊断病人，按传染病防治法的有关规定实施。

幼儿园清洗及消毒制度

（1）幼儿应做到每人一巾一杯，每天清洗消毒，餐具每餐蒸汽消毒。

（2）玩具、教具应保持清洁，每周用洗洁精清洗，用84消毒液浸泡。

（3）床单、枕套、被罩每月换洗一次，半月晒被褥一次。

（4）饭前桌面要用洗洁精擦洗干净，保持桌面清洁，餐前15分钟用"84"液消毒桌面。

（5）及时冲刷洗刷间、厕所，保持洗刷间、厕所清洁卫生。

幼儿园因病缺勤病因追查与登记制度

幼儿园是群体集聚的场所，一些群体性传染病的流行，往往是个体传染患者没有得到及时、有效的控制。因此，执行因病缺勤追查与登记制度，对于确保校园内的卫生安全，关系重大。据上级有关要求，特制定本制度如下：

（1）班主任对因病缺勤的幼儿，应当了解幼儿的患病情况和可能的病因，及时通知保健老师，以做到对传染病病人的早发现。

（2）班主任负责每天班内因病缺课幼儿人数的统计与登记，将情况报告保健老师，并做进一步的家庭联系。

（3）在园期间发现幼儿有传染病早期症状（如发热、皮疹、腹泻、呕吐、黄疸等）以及疑似传染病病人时，及时告知保健老师，以便进行进一步排查，通知家长带去医院确诊。

（4）幼儿因病缺课时家长要向班主任请假说明病因。

（5）班主任和保健老师对边治疗边要求来园的幼儿家长要做好说服劝止工作，在家中治疗休息，病愈后要查验传染病复学医学诊断报告或进行观察后才能进班。

幼儿个人卫生与工作人员卫生制度

（1）衣装整洁、勤洗勤换，日常生活用品要专人专用。

（2）每周剪指甲一次，培养幼儿良好的个人卫生习惯。

（3）饭前便后用肥皂流水洗手，饭后漱口、擦嘴。

（4）教职工经常保持仪表清洁，定期洗头、洗澡、剪指甲、饭前便后流水肥皂洗手，与幼儿接触时不抽烟。

幼儿园通风制度

为切实做好我园传染病防治工作，确保广大师生的身体健康，把传染病防治工作落到实处，做好消毒工作，结合我园实际，特制定本制度：

（1）各教室、午睡室、办公室、公共活动室以及楼道等，在早晨教师到园后，即开窗通风，使空气流通。

（2）安排固定的通风人员，各功能活动室由保洁员负责开窗通风，各楼层高处由门卫负责按时开窗通风，分管领导及保健老师经常检查通风情况。

（3）每天按时开窗通风，温暖天气宜实行全日开窗的方式换气，寒冷天气在课前和课间休息期间宜利用教室和走廊的窗户开窗换气，每天不少于3次，每次不少于30分钟，保持室内空气新鲜。上课时做到半数窗户打开，下课全部打开，儿童课间尽量到户外活动。

（4）保持空调设备的良好性能，空调室温保持在26℃。

幼儿园体弱儿童管理制度

（1）依据健康检查结果，筛查出体弱儿及时登记造册，并通报给各班保教人员，做到心中有数。

（2）针对各种原因导致的体弱儿，采取适当的矫治措施，坚持循序渐进的原则，在原有的基础上逐步增强幼儿体质。

（3）根据幼儿营养不良的轻重及消化吸收功能，调整饮食，补充营养，逐步增加进食量。

（4）在膳食中保证足够的含铁、钙的食物供给，改善营养性缺铁的状况，增加室外活动量，促进微量元素的吸收。

（5）保教人员对体弱儿的进餐、午休、大小便等生活情况做到仔细观察、精心照顾。

（6）耐心指导体弱儿的各种教育、游戏活动、尽可能地给体弱儿创造机会，促进他们身心健康发展。

（7）保教人员应经常与体弱儿家长交谈，以便互相了解幼儿家园情况，更好地相互配合，尽快地改善幼儿体质状况，促进其健康成长。

幼儿园卫生消毒制度

一、环境卫生

（1）建立健全室内外环境清扫制度，每天一小扫，每周一大扫，分片包干，定人、定点、定期检查。要消灭蚊、蝇、蟑螂等害虫。

（2）幼儿玩教具要保持清洁，定期要消毒、清洗。

（3）经常保持室内空气流通、阳光充足，冬天也要定时开窗通风换气，室内要有防蚊、防蝇、防暑和取暖设备。

（4）厕所清洁通风，定时打扫并消毒。

二、个人卫生

（1）幼儿每人一巾一杯，日常生活用品专人专用，做消毒工作，餐具餐餐消毒，活动室寝室每日消毒。

（2）幼儿饭前便后要洗手，用流动水或干净水洗手，经常保持清洁。

（3）饭后漱口，教育幼儿养成早晚刷牙的习惯。

（4）要求幼儿每周剪指甲一次，定期洗头和洗澡。

（5）要求幼儿服装整洁，被褥勤晒，床单每月洗一次。

（6）保持视力，室内要注意采光，看电视时间不宜过长，不能离得太近，高度要适中。

（7）工作人员个人卫生，经常保持仪表整洁，勤洗头洗澡，勤剪指甲，幼儿开饭前用肥皂洗手。

三、消毒隔离制度

（1）幼儿的水杯和毛巾坚持天天消毒，消毒液浓度配比为1：200，在夏季高温和有疫情的情况下是浓度配比为1：100。

（2）对消毒药品必须索要许可证制度，保证使用的消毒药品科学安全。

（3）有专用保健室、观察床，保健室用品专用。负责消毒的教师要按规定科学合理配置消毒用水。

（4）幼儿及工作人员患传染病立即隔离治疗，所在班彻底消毒，患者待隔离期满痊愈后，经医生证明方可回园。

（5）对患儿专人护理，仔细观察，按时服药和喂饭。

（6）对患传染病的幼儿所在班和传染病患者接触过的幼儿进行检疫、隔离、观察。检疫期间不收新儿童，幼儿不混班、不串班。检疫期满后无症状者方可解除隔离。

（7）工作人员家中及幼儿家中发现传染病人时应及时报告园领导，采取必要措施。

（8）幼儿离园一个月以上或外出返回时，应向家长询问有无传染病接触史，并要经过医务人员重新检查。未接触传染病的要观察两周，有传染病接触史的待检疫期满后方可回班。

幼儿园新生入园查验预防接种证制度

根据《中华人民共和国传染病防治法》和《疫苗流通和预防接种管理条例》中的规定，为做好新生入托入学儿童预防接种证查验工作，保证适龄儿童均能按照免疫程序接种疫苗，建立有效的免疫屏障，预防疫苗针对性疾病在学校和托幼机构的暴发和流行，结合实际，制定本制度。

一、做好宣传告知工作

在每学年儿童入托、入学报名前，在报名通知上注明：国家对儿童实行预防接种证制度，请家长在报名入托、入学时提供预防接种证以备查验。让家长积极配合此项工作。

如学生的《预防接种证》已遗失，应尽快到原来的预防接种单位根据其预防接种信息补办《预防接种证》；如果学生是外地来的，应出示原籍办理的《预防接种证》。

二、做好查验工作

（1）在每学年儿童入托、入学报名时，要将查验《预防接种证》工作严格纳入报名程序，收取新生的《预防接种证》或《预防接种卡》，统计学生名单，填写儿童免疫状况一览表在开学后1周内完成，交卫生主管部门查验。

（2）按照国家免疫规划要求，如果幼儿未完成全程免疫的，请及时到辖区内预防接种单位免费进行补种。

幼儿园传染病病愈返校复课证明查验制度

为了切实加强突发公共卫生事件的防治工作，做到早发现、早报告、早隔离和早治疗，杜绝传染病的迅速蔓延，我园要求各班进行传染病病愈返校复课医学证明查验制度。做到既对教师和幼儿进行严格的常规管理，又对教师和学生进行全面关爱，以维护保障教师和学生的身体健康，有效防治各类传染病疫情。

（1）各班主任和保健室工作人员应将患传染病学生情况按要求进行填写，并将登记本长期保存。学校对患传染病的学生复课应实行复课检诊证明制度，即患传染病的学生病愈且隔离期满时，必须由医疗单位开诊断病愈复课证明，交给保健室复检后，交班主任方可进班复课。保健室应将学生的诊断证明归档，以备查验。

（2）各班要坚持晨午检制度，班主任应认真检查班内学生健康情况，做好因病缺勤学生的病因追踪，并将相关信息每日上报至幼儿园保健室。发现传染病病人和疑似病人，班主任应及时上报疫情，配合卫生部门进行疫情追踪调查和落实各项防控措施。

（3）保健室工作人员要对因病缺课学生的病因、缺勤，及治疗情况认真登记备案，凡学生患各类传染病的，其复课要严格把关，必须查验医生开具的病愈复课证明，手续完备符合复课条件的，方能允许其复课，并记录其复课时间。

幼儿园肥胖儿童管理制度

（1）建立专案管理：对单纯性肥胖的儿童建立肥胖儿管理卡片，轻度肥胖只要管理不需记个案，中度肥胖以上要进行个案管理。

（2）分析病因，从饮食、运动、遗传、心理等方面仔细分析病因，如考虑为其他疾病引起的肥胖应建议家长带患儿去医院进行检查。

（3）定期监测：重点监测体重增长幅度，每月测量体重一次，每3个月测量身高1次。

（4）家长联系：与家长密切联系，给予家长正确的、科学的育儿知识，使家长重视肥胖的危害性，能够积极配合对患儿饮食起居上的调整以及治疗。

（5）结案：体重降至同性别同身高标准体重20%以内，继续维持3个月方可结案。肥胖程度减轻并在半年内稳定，为管理有效。

幼儿园饮食卫生制度

（1）由保健医生主要负责幼儿膳食的搭配、安排，根据幼儿生长发育需要，每周制定出营养结构合理的食谱，和采购人员共同监督食堂，按照食谱要求烹饪幼儿饮食。

（2）坚持食堂从业人员持证上岗，并对他们的衣着、仪表、个人卫生和食堂操作进行规范要求，严禁无证上岗和违规操作。

（3）不断改善食堂设施、设备，为饮食卫生达标提供物质条件。

（4）采购员、保健医生要把好食品质量关，严禁购买过期、变质、腐烂和不符合卫生要求的食品。

（5）保健医生要每日检查食堂的清洁卫生和餐具、炊具用具的洗、清、消毒工作，指导食堂认真开展除"四害"工作，并做好记录，定期总结。

（6）各班保教人员要严格要求每日对幼儿餐饮用具进行消毒，坚持让幼儿饭前用肥皂洗手，便后洗手，勤剪指甲。保教人员随时保持自己手部的卫生，防止给幼儿食、饮不卫生的东西。

幼儿园饮食管理制度

（1）在保健医生指导下，严格按照食谱采购供给幼儿膳食，保证幼儿摄入足量营养。

（2）严格执行《中华人民共和国食品卫生法》，做到"四防"，即"防尘、防腐、防蝇、防鼠"。严禁变质食物进入食堂，熟食要加工后方可食用。冰箱内食品，要生熟分开存放、定期清理，防止食物长期存放而使营养损失，严禁食物中毒，把好病从口入关。

（3）保持操作间、炊具、地面的清洁卫生，生熟刀、案、器具、生熟食物成品与半成品分开，炊具定期清洗，用后要及时刷干净，放在固定位置，加以遮盖，防止污染。

（4）炊事员要做好个人卫生工作，工作服、帽要勤洗，如厕前要脱工作服，便后要用肥皂流水洗手，接触熟食用工具夹，操作时不抽烟。

（5）要精打细算、勤俭节约、反对浪费。

（6）掌握烹调技术方法，注意食物色、香、味、形，保持食物中的营养素，操作符合卫生和营养要求。

（7）按时开饭，根据季节做好饭菜保温和降温工作。

（8）伙食费要专款专用，每月盘点，定时计算营养量，并提出改进意见。

幼儿园从业人员健康管理制度

为规范食堂工作人员健康管理，保障幼儿饮食安全，根据《中华人民共和国食品安全法》《中华人民共和国食品安全法实施条例》和《餐饮服务食品安全监督管理办法》等法律、法规及规章，制定本管理制度。

（1）凡在本园从事直接为幼儿服务的所有食堂工作人员（包括厨师、面点师、洗碗工、采购员、库管员、管理员等）均应遵守本管理制度。

（2）新参加或临时参加工作的人员，应经健康检查，取得健康证明后方可参加工作。食堂从业人员每年至少进行一次健康检查，必要时接受临时检查。

（3）凡患有痢疾、伤寒、病毒性肝炎等消化道传染病，活动性肺结核，化脓性或者渗出性皮肤病以及其他有碍食品安全疾病的，不得从事接触直接入口食品的工作。

（4）从业人员有发热、腹泻、皮肤伤口或感染、咽部炎症等有碍食品安全病症的，应立即脱离工作岗位，待查明原因并将有碍食品安全的病症治愈后，方可重新上岗。

（5）食品安全管理员要及时对在本单位食堂从业人员进行登记造册，建立从业人员健康档案，组织从业人员每年定期到指定查体机构进行健康检查。

（6）食品安全管理员和分管园长要随时掌握从业人员的健康状况，并对其健康证明进行定期检查。

（7）从业人员健康证明应随身佩带（携带）或交食堂管理人员统一保存，以备检查。

幼儿园从业人员培训管理制度

为规范食堂工作人员培训，保障幼儿饮食安全，根据《中华人民共和国食品安全法》《中华人民共和国食品安全法实施条例》和《餐饮服务食品安全监督管理办法》等法律、法规及规章，制定本管理制度。

（1）食堂从业人员包括新参加工作和临时参加工作的食堂从业人员必须经过培训、考核合格后，方可从事食堂工作。

（2）食品安全管理人员应制订从业人员食品安全教育和培训计划，组织岗位负责人和从业人员参加各种上岗前及在职培训。

（3）食品安全教育和培训应针对每个食品加工操作岗位分别进行，内容应包括食品安全法律、法规、规范、标准和食品安全知识、各岗位加工操作规程等。

（4）培训方式以集中讲授与自学相结合，定期考核，不合格者待考试合格后再上岗。

（5）建立食堂从业人员食品安全知识培训档案，将培训时间、培训内容、考核结果记录归档，以备查验。

幼儿园从业人员个人卫生管理制度

为规范从业人员个人卫生管理，保障幼儿饮食安全，根据《中华人民共和国食品安全法》《中华人民共和国食品安全法实施条例》和《餐饮服务食品安全监督管理办法》等法律、法规及规章，制定本管理制度。

（1）从业人员应保持良好个人卫生，操作时应穿戴清洁的工作服、工作帽，头发不得外露，不得留长指甲，涂指甲油，佩戴饰物。专间操作人员还应戴口罩。

（2）从业人员操作前手部应洗净，操作时应保持清洁。接触直接入口食品时，手部还应进行消毒。

（3）接触直接入口食品的操作人员，有下列情形时应洗手：

① 处理食物前；

② 使用卫生间后；

③ 接触生食后；

④ 接触受到污染的工具、设备后；

⑤ 咳嗽、打喷嚏或擤鼻涕后；

⑥ 处理动物或废物后；

⑦ 触摸耳朵、鼻子、头发、面部、口腔或身体其他部位后；

⑧ 从事任何可能会污染双手的活动（如执行清洁任务等）后。

（4）非接触直接入口食品的操作人员，在有下列情形时应洗手：

① 开始工作前；

② 上厕所后；

③ 处理弄污的设备或饮食用具后；

④ 咳嗽、打喷嚏或擤鼻涕后；

⑤ 处理动物或废物后；

⑥ 从事任何（其他）可能会污染双手的活动后。

（5）专间操作人员进入专间时应再次更换专间内专用工作衣帽并佩戴口罩，操作前双手严格进行清洗消毒，操作中应适时地消毒双手。不得穿戴专间工作衣帽从事与专间内操作无关的工作。

（6）个人衣物及私人物品不得带入食品处理区。

（7）不得在食品处理区内吸烟、饮食或从事其他可能污染食品的行为。

（8）进入食品处理区的非加工操作人员，应符合现场操作人员卫生要求。

幼儿园从业人员工作服管理制度

为规范食堂从业人员工作服管理，保障幼儿饮食安全，根据《中华人民共和国食品安全法》《中华人民共和国食品安全法实施条例》和《餐饮服务食品安全监督管理办法》等法律、法规及规章，制定本管理制度。

（1）所有从业人员上班时间必须统一着单位配发的工作服。个人不得擅自改变工作服式样。

（2）工作服（包括衣、帽、口罩）宜用白色或浅色布料制作，专间工作服宜从颜色或式样上予以区分。

（3）工作服应定期更换，保持清洁。接触直接入口食品的从业人员的工作服应每天更换。

（4）从业人员上厕所前应在食品处理区内脱去工作服。

（5）待清洗的工作服应远离食品处理区。

（6）每名从业人员不得少于2套工作服。

操作人员：

① 夏装：每年5月发短袖上衣2件，浅色裤子2条，工作帽1顶，围裙1件，防滑鞋1双；冬装：每年10月发长袖上衣2件，防滑鞋1双。

② 毛巾每季度每人1条，洗衣粉每学期每人2袋，肥皂每学期每人3块。

保洁人员：

① 套袖、围裙、工作帽1顶，每学期每人1套；水靴每人2双（冬季、夏

季），以旧换新。

②毛巾每学期每人1条。

幼儿园食品进货查验记录管理制度

为规范食品采购索证索票、进货查验和采购记录行为，保障幼儿饮食安全，根据《中华人民共和国食品安全法》《中华人民共和国食品安全法实施条例》《餐饮服务食品安全监督管理办法》等法律、法规及规章，制定本管理制度。

（1）指定经培训合格的专（兼）职人员负责食品、食品添加剂及食品相关产品采购索证索票、进货查验和采购记录。专（兼）职人员应当掌握餐饮服务食品安全法律知识、餐饮服务食品安全基本知识以及食品感官鉴别常识。

（2）采购食品、食品添加剂及食品相关产品，应当到证照齐全的食品生产经营单位或批发市场采购，并应当索取、留存有供货方盖章（或签字）的购物凭证。购物凭证应当包括供货方名称、产品名称、产品数量、送货或购买日期等内容。长期定点采购的，与供应商签订包括保证食品安全内容的采购供应合同。

（3）从生产加工单位或生产基地直接采购时，应当查验、索取并留存加盖有供货方公章的许可证、营业执照和产品合格证明文件复印件；留存盖有供货方公章（或签字）的每笔购物凭证或每笔送货单。

（4）从流通经营单位（商场、超市、批发零售市场等）批量或长期采购时，应当查验并留存加盖有公章的营业执照和食品流通许可证等复印件；留存盖有供货方公章（或签字）的每笔购物凭证或每笔送货单。

（5）从流通经营单位（商场、超市、批发零售市场等）少量或临时采购时，应当确认其是否有营业执照和食品流通许可证，留存盖有供货方公章（或签字）的每笔购物凭证或每笔送货单。

（6）从农贸市场采购的，应当索取并留存市场管理部门或经营户出具的加盖公章（或签字）的购物凭证；从个体工商户采购的，应当查验并留存供应者盖章（或签字）的许可证、营业执照或复印件、购物凭证和每笔供应清单。

（7）从食品流通经营单位（商场、超市、批发零售市场等）和农贸市场采购畜禽肉类的，应当查验动物产品检疫合格证明原件；从屠宰企业直接采购的，应当索取并留存供货方盖章（或签字）的许可证、营业执照复印件和动物产品检疫合格证明原件。

（8）采购乳制品的，应当查验、索取并留存供货方盖章（或签字）的许可证、营业执照、产品合格证明文件复印件。

（9）批量采购进口食品、食品添加剂的，应当索取口岸进口食品法定检验机构出具的与所购食品、食品添加剂相同批次的食品检验合格证明的复印件。

（10）采购集中消毒企业供应的餐饮具的，应当查验、索取并留存集中消毒企业盖章（或签字）的营业执照复印件、盖章的批次出厂检验报告（或复印件）。

（11）食品、食品添加剂及食品相关产品采购入库前，餐饮服务提供者应当查验所购产品外包装、包装标识是否符合规定，与购物凭证是否相符，并建立采购记录。采购记录应当如实记录产品的名称、规格、数量、生产批号、保质期、供应单位名称及联系方式、进货日期等。

（12）按产品类别或供应商、进货时间顺序整理、妥善保管索取的相关证照、产品合格证明文件和进货记录，不得涂改、伪造，其保存期限不得少于2年。

幼儿园食品贮存管理制度

为规范食品、食品添加剂和食品相关产品贮存管理，保障幼儿饮食安全，根据《中华人民共和国食品安全法》《中华人民共和国食品安全法实施条例》和《餐饮服务食品安全监督管理办法》等法律、法规及规章，制定本管理制度。

（1）贮存场所、容器、工具和设备应当安全、无害，保持清洁，设置纱窗、防鼠网、挡鼠板等有效防鼠、防虫、防蝇、防蟑螂设施，不得存放有毒、有害物品及个人生活用品。

（2）食品和非食品（不会导致食品污染的食品容器、包装材料、工具等物品除外）库房应分开设置。同一库房内贮存不同性质食品和物品的应区分存放区域，不同区域应有明显的标识。

（3）食品应当分类、分架存放，距离墙壁、地面均在10cm以上，并定期检查，使用应遵循先进先出的原则，变质和过期食品应及时清除。

（4）冷藏、冷冻柜（库）应有明显区分标识，设可正确指示温度的温度计，定期除霜（不得超过1cm）、清洁和保养，保证设施正常运转，符合相应的温度范围要求。

（5）冷藏、冷冻贮存应做到原料、半成品、成品严格分开，植物性食品、动物性食品和水产品分类摆放。不得将食品堆积、挤压存放。

（6）散装食品应装于容器内，在贮存位置标明食品的名称、生产日期、保质期、生产者名称及联系方式等内容。

（7）除冷库外的库房应有良好的通风、防潮设施。

幼儿园粗加工切配餐饮安全管理制度

为规范粗加工、切配工作管理，保障幼儿饮食安全，根据《中华人民共和国食品安全法》《中华人民共和国食品安全法实施条例》和《餐饮服务食品安全监督管理办法》等法律、法规及规章，制定本管理制度。

（1）加工前应认真检查待加工食品，发现有腐败变质迹象或者其他感官性状异常的，不得加工和使用。

（2）食品原料在使用前应洗净，动物性食品、植物性食品、水产品应分池清洗，禽蛋在使用前应对外壳进行清洗，必要时消毒处理。

（3）植物性食品原料要按"一择、二洗、三切"的顺序操作，彻底浸泡清洗干净，做到无泥沙、杂草、烂叶。

（4）食品原料的加工和存放要在相应位置进行，不得混放和交叉使用，加工动物性食品、植物性食品、水产品的操作台、用具和容器要有明显标志并分开使用。

（5）切配好的半成品应避免污染，与原料分开存放，并应根据性质分类存放。已盛装食品的容器不得直接置于地上。

（6）切配好的食品应在规定时间内使用。易腐烂变质食品应尽量缩短在常温下的存放时间，加工后应及时使用或冷藏。

（7）加工结束及时拖清地面，水池、操作台、工用具、容器及所用机械设备清洗干净，定位存放，做到刀不锈、板不霉、整齐有序，及时清理垃圾，保持室内清洁卫生。

（8）在专用洗拖布池或洗拖布桶内涮洗拖布。不得在加工清洗食品原料的水池内清洗拖布。

幼儿园烹调加工餐饮安全管理制度

为规范食堂烹调加工管理，保障幼儿餐饮安全，根据《中华人民共和国食品安全法》《中华人民共和国食品安全法实施条例》和《餐饮服务食品安全监督管理办法》等法律、法规及规章，制定本管理制度。

（1）烹调前应认真检查待加工食品，发现有腐败变质或者其他感官性状异常的，不得进行烹调加工。用水水质应符合GB 5749《生活饮用水卫生标准》规定。

（2）需要熟制加工的食品应当烧熟煮透，其加工时食品中心温度应不低于70℃。油炸食品要防止外焦里生，油炸食品时避免温度过高、时间过长；随时清除煎炸油中漂浮的食物碎屑和底部残渣，煎炸食用油不得连续反复煎炸使用。

（3）使用的食品添加剂必须符合《食品添加剂使用卫生标准》，应严格按照标识上标注的使用范围、使用量和使用方法使用食品添加剂，禁止超范围、超剂量滥用食品添加剂。使用完后，由专人专柜保存。

（4）烹调后至食用前需要较长时间（超过2小时）存放的食品，应当在低于10℃的条件下存放，需要冷藏的熟制品，应在清洁操作区凉透后及时冷藏，并标注加工时间等。

（5）隔餐隔夜熟制品、外购熟食品必须在食用前充分加热煮透。不得将回收后的食品经加工后再次使用。

（6）用于原料、半成品、成品的各种工具、容器标识明显，分开使用，定位存放，保持清洁。加工后的直接入口食品要盛放在消毒后的容器或餐具内，不得使用未经消毒的餐具和容器。

（7）灶台、抹布要随时清洗，保持干净。不用抹布擦拭已消毒的碗碟，滴在碟边的汤汁用消毒布擦净。按规定处理废弃油脂，及时清洗抽油烟机罩。

（8）工作结束后，调料品加盖，工具、用具洗刷干净，定位存放；灶上、灶下地面清洗冲刷干净，不留残渣、油污，不留卫生死角，及时清除垃圾。

幼儿园面点加工餐饮安全管理制度

为规范面点加工管理，保障幼儿餐饮安全，根据《中华人民共和国食品安全法》《中华人民共和国食品安全法实施条例》和《餐饮服务食品安全监督管理办法》等法律、法规及规章，制定本管理制度。

（1）加工前应认真检查各种食品原料，发现有腐败变质或者其他感官性状异常的，不得进行加工。

（2）未用完的点心馅料、半成品，应冷冻或冷藏，并在规定存放期限内使用。

（3）各种工具、用具、容器生熟分开使用，用后清洗干净，定位存放。各种熟食面点改刀要在专用的熟食板上进行，不得在面案上直接改刀。

（4）当餐未用完的面点，应妥善保存，糕点存放在专用柜内，水分含量较高的含奶、蛋的点心应当在10℃以下的温度条件下贮存，注意生熟分开保存。

（5）使用的食品添加剂必须符合《食品添加剂使用卫生标准》，应严格按照标识上标注的使用范围、使用量和使用方法使用食品添加剂，禁止超范围、超剂量滥用食品添加剂。使用完后，由专人专柜保存。

（6）各种食品加工用具、设备，如面板、面案、容器、绞肉机、馒头机、豆浆机、和面机、面条机等，用后及时清洗干净，定期消毒。各种用品如盖布、笼布、抹布等要洗净、晒干备用。

（7）加工结束后及时清理面点加工场所，做到地面无污物、残渣，用具、设备清洁。各种容器、用具、刀具等清洗干净后定位存放。

幼儿园食品留样管理制度

为规范食堂食品留样工作，保障幼儿餐饮安全，根据《中华人民共和国食品安全法》《中华人民共和国食品安全法实施条例》和《餐饮服务食品安全监督管理办法》等法律、法规及规章，制定本管理制度。

（1）幼儿园食堂应对食品进行留样，以便必要时检验。

（2）留样的采集和保管必须由专人负责，配备经消毒的专用取样工用具和样品存放的专用冷藏箱。食品留样冰箱为专用设备，双锁管理，严禁存放与留样食品无关的物品。

（3）留样的食品样品应采集在操作过程中或加工终止时的样品，不得特殊制作。

（4）原则上留样食品应包括所有加工制作的食品成品，其他情况可根据需要由监管部门或餐饮服务提供者自行决定留样品种。

（5）留样食品应按品种分别放于清洗消毒后的密闭专用容器内，防止样品之间污染；在冷藏条件下存放48小时以上，每个品种留样量应满足检验需要，不少于125g。

（6）留样食品取样不得被污染，贴好食品标签，待留样食品冷却后，放入专用冷藏箱内，并做好留样记录，包括留样日期、时间、品名、餐次、留样人。

（7）一旦发生食物中毒或疑似食物中毒事故，应及时提供留样样品，配合监管部门进行调查处理，不得影响或干扰事故的调查处理工作。

幼儿园餐饮具清洗消毒保洁管理制度

为规范食堂餐饮具清洗消毒保洁工作，保障幼儿餐饮安全，根据《中华人民共和国食品安全法》《中华人民共和国食品安全法实施条例》和《餐饮服务食品安全监督管理办法》等法律、法规及规章，制定本管理制度。

（1）设置专用的餐饮具清洗、消毒、保洁区域（或专间）及设备，清洗消毒设备设施的大小和数量应能满足需要。

（2）餐饮具清洗消毒水池应专用，与食品原料、清洁用具及接触非直接入口食品的工具、容器清洗水池分开。采用化学消毒的，至少设有3个专用水池。各类水池应以明显标识标明其用途。

（3）接触直接入口食品的餐饮具使用前应洗净并消毒，不得使用未经清洗、消毒的餐饮具。不得重复使用一次性餐饮具。

（4）餐饮具做到当餐回收，当餐清洗消毒，不得隔顿、隔夜。

（5）餐饮具应首选热力方法进行消毒，严格按照除残渣、碱水（或洗涤剂）刷、清水冲、热力消、保洁的顺序操作。使用化学药物消毒需严格按照除残渣、碱水（或洗涤剂）刷、清水冲、药物泡、清水冲、保洁的顺序操作，并注意要彻底清洗干净，防止药物残留。

（6）消毒后的餐饮具表面光洁、无油渍、无水渍、无异味、无泡沫、无不溶性附着物，符合GB 14934《食（饮）具消毒卫生标准》。

（7）消毒后的餐饮具及时放入保洁柜密闭保存备用。盛放消毒餐饮具的保洁柜要有明显标记，保洁柜应当定期清洗，保持洁净。已消毒和未消毒的餐饮具要分开存放，保洁柜内不得存放其他物品。

（8）采购使用集中消毒企业供应的餐饮具，应当查验其经营资质，索取营业执照复印件、消毒合格凭证；清洗消毒餐饮具用的洗涤剂、消毒剂等必须符合国家有关卫生标准和要求。

（9）洗刷消毒结束，及时清理地面、水池卫生，及时处理泔水桶，做到地面无积水、池内无残渣、泔水桶内外清洁。

（10）定期检查消毒设备、设施是否处于良好状态，采用化学消毒的应定时测量有效消毒浓度。

（11）专人做好餐饮具清洗消毒及检查记录。

幼儿园食品用设备设施管理制度

为规范食堂食品用设备、设施管理，保障幼儿餐饮安全，根据《中华人民共和国食品安全法》《中华人民共和国食品安全法实施条例》和《餐饮服务食品安全监督管理办法》等法律、法规及规章，制定本管理制度。

（1）食品处理区应按照原料进入、原料处理、半成品加工、成品供应的流程合理布局设备、设施，防止在操作中产生交叉污染。

（2）配备与食品品种、数量相适应的消毒、更衣、盥洗、采光、照明、通风、防腐、防尘、防蝇、防鼠、防虫、洗涤以及处理废水、存放垃圾和废弃物的设备或设施。主要设施应易于维修和清洁。

（3）有效消除老鼠、蟑螂、苍蝇及其他有害昆虫及其滋生条件。加工与用餐场所（所有出入口），设置纱门、纱窗、门帘或空气幕，如木门下端设金属防鼠板，排水沟、排气、排油烟出入口应有网眼孔径小于6mm的防鼠金属隔栅或网罩；距地面2m高度可设置灭蝇设施。

（4）配置方便使用的从业人员洗手设施，附近设有相应清洗、消毒用品，干手设施和洗手消毒方法标示。宜采用脚踏式、肘动式或感应式等非手动式开关或可自动关闭的开关。

（5）食品处理区应采用机械排风、空调等设施，保持良好通风，及时排除潮湿和污浊空气。

（6）用于加工、贮存食品的工用具、容器或包装材料和设备应当符合食品安全标准，无异味、耐腐蚀、不易发霉。食品接触面原则上不得使用木质材料（工艺要求必须使用除外），必须使用木质材料的工具，应保证不会对食品产生污染。

（7）各功能区和食品原料、半成品、成品操作台、刀具、砧板等工用具，应分开定位存放使用，并有明显标识。

（8）贮存、运输食品，应具有符合保证食品安全所需要求的设备、设施，配备专用车辆和密闭容器，远程运输食品须使用符合要求的专用封闭式冷藏（保温）车。每次使用前应进行有效的清洗消毒，不得将食品与有毒、有害物品一同运输。

（9）应当定期维护食品加工、贮存、陈列、消毒、保洁、保温、冷藏、冷冻等设备与设施，校验计量器具，及时清理清洗，必要时消毒，确保正常运转和使用。

（10）用于食品加工操作的设备、设施不得用作与食品加工无关的用途。

滕州市实验幼儿园食品安全检查管理制度

为规范食堂食品安全检查管理，保障幼儿餐饮安全，根据《中华人民共和国食品安全法》《中华人民共和国食品安全法实施条例》和《餐饮服务食品安全监督管理办法》等法律、法规及规章，制定本管理制度。

（1）依照法律、法规和食品安全标准从事食堂管理工作，采取有效管理措施，保证食品安全，按照许可范围依法管理，并在食堂醒目位置悬挂或者摆放餐饮服务许可证，接受家长监督，承担主体责任。

（2）建立本单位食品安全管理组织机构，配备专职或者兼职经过培训合格的食品安全管理员，对餐饮服务全过程实施内部检查管理并记录，落实责任到人，严格落实监管部门的监管意见和整改要求。

（3）食品安全管理员须认真按照职责要求，组织落实管理人员和从业人员食品安全知识培训、员工健康管理、索证索票、餐饮具清洗消毒、综合检查、设备管理、环境卫生管理等各项食品安全管理制度。

（4）制订定期或不定期食品安全检查计划，采取全面检查、抽查与自查相结合的形式，实行层层监管，主要检查各项制度的贯彻落实情况。

（5）食品安全管理员每天在操作加工时段至少进行一次食品安全检查，检查各岗位是否有违反制度的情况，发现问题，及时告知改进，并做好食品安全检查记录备查。

（6）各岗位负责人、主管人员要服从食品安全管理员检查指导，每天开展岗位或部门自查，及时发现和纠正从业人员违反制度要求操作的行为。

（7）食品安全管理员每周1—2次对各环节进行全面现场检查，发现问题及时反馈，并提出限期改进意见，做好检查记录。

（8）检查中发现的同一类问题经两次指出仍未改进的，按本单位有关规定处理。

（9）各种检查结果记录归档备查。

幼儿园食品添加剂管理制度

为规范食品添加剂安全管理，保障幼儿餐饮安全，根据《中华人民共和国食品安全法》《中华人民共和国食品安全法实施条例》和《餐饮服务食品安全监督管理办法》等法律、法规及规章，制定本管理制度。

一、专店购买

采购食品添加剂，应当到证照齐全的食品添加剂生产经营单位或市场采购，实行专店购买，并应当与供应商签订包括保证食品添加剂安全内容的采购供应合同。对采购的食品添加剂应当索取并留存许可证、营业执照、检验合格报告（或复印件）以及购物凭证。购物凭证应当包括供应者名称、供应日期和产品名称、数量、金额等内容。采购进口食品添加剂的，应当索取口岸进口食品法定检验机构出具的与所购食品添加剂相同批次的食品检验合格证明的复印件。

二、专账记录

建立食品添加剂专用采购台账。食品添加剂入库应当如实记录食品添加剂的名称、规格、数量、生产单位、生产批号、保质期、供应者名称及联系方式、进货日期等。

建立食品添加剂专用台账。食品添加剂出库使用应当如实记录食品添加剂的名称、数量、用途、称量方式、时间等，使用人应当签字确认。食品添加剂的购进、使用、库存，应当账实相符。

三、专区存放

设立专区（或专柜）贮存食品添加剂，并注明"食品添加剂专区（或专柜）字样"。

四、专器称量

配备专用天平或勺杯等称量器具，严格按照包装标识标明的用途用量或国家规定的用途用量称量后使用，杜绝滥用和超量使用。

五、专人负责

由专（兼）职人员负责食品添加剂采购。采购人员应当掌握餐饮服务食品安全法律和食品添加剂安全相关知识以及食品感官鉴别常识。餐饮服务单位主要负责人与负责食品添加剂采购和餐饮加工配料的人员分别签订责任书。

食品安全管理员、厨师长定期检查食品添加剂采购、索证索票、台账记录、贮存及使用等情况。

食品添加剂专用采购台账、使用台账以及索取的相关证照、产品检验合格证明等要妥善保管，不得涂改、伪造，保存期限不得少于2年。

幼儿园食品添加剂和调味料公示管理制度

为规范食品添加剂和调味料公示管理工作，保障幼儿餐饮安全，根据《中华人民共和国食品安全法》《中华人民共和国食品安全法实施条例》和《餐饮服务食品安全监督管理办法》等法律、法规及规章，制定本管理制度。

（1）需要公示的食品添加剂和调味料包括：加工过程中使用的所有食品添加剂，酱油、醋、盐、八角等各种香料。

（2）需要公示的食品添加剂和调味料基本信息包括：品名、生产厂家、生产许可证编号、供货单位等。

（3）公示的基本信息要与实际使用的食品添加剂和调味料相符，不得提供虚假信息误导消费者。使用的食品添加剂和调味料有变化的要及时更换公示信息。

（4）采购的食品添加剂和调味料要专店采购、专账记录、专区存放、专器称量、专人负责，并按照有效期使用。严禁采购和使用无合法生产资质以及标签不规范的食品添加剂和调味料。

（5）公示栏应按照规定悬挂，便于公众了解相关信息。

第二章

滕州市实验幼儿园
安全规范操作手册

幼儿园晨间接待规范化操作

一、保安员

（1）着装健康上岗。

严格按照保安员着装规定，穿保安员制服，缀钉，佩戴标志、领带、帽徽、肩章、臂章等。岗前测体温，体温正常方可上岗。

（2）礼貌迎接幼儿及家长。

站姿正确；举止端庄；使用文明用语，热情地与家长和孩子打招呼，"小朋友好（早）！"

（3）监督家长使用接送卡。

提示家长持接送卡；严把园所大门，无卡者不得入园；严禁已入园的幼儿擅自离园。

（4）疏导家长车辆。

提前做好车辆疏导的准备工作，确保停车位和园大门内外安全无障碍物；摆放警示牌和引导标志，疏导车辆到指定停车位。

（5）礼貌疏导交通。

站在车流侧面，与车成45度，手指并拢向司机敬右手礼；右臂向前伸出，手掌向上与臂成90度，用停止手势截住车辆；左手示意家长和幼儿通过；幼儿及家长通过后，示意车可通行。

（6）迟到幼儿。

联系班级教师，联系保健医。晨检合格后，家长才可离开；由班级教师带幼儿回班。

（7）疫情下，实行相对封闭管理。

不允许外来人员进入幼儿园；不接待家长参观；如遇上级部门来园检查人员，需进行"一问、二报、三测温、四登记、五消毒"后方可进入。

（8）综合保安员在晨间接待环节的工作，特别强调三点。

所有车辆严禁入园；家长不得带宠物入园；家长不得在幼儿园吸烟。

二、保健医

（1）着装健康上岗。

穿标准护士服、护士鞋，不佩戴饰物；发饰标准，长发扎（盘）起；佩戴一次性口罩、帽子、手套。

（2）巡查厨房。

检查厨房人员健康状况，体温超过37.3℃者不得上岗；与厨师长一起进行食品验收，验收合格的办理入库，验收不合格的退换；检查各操作间工作就绪及早餐准备情况。

（3）巡查班级。

检查各班级教师身体状况，体温超过37.3℃者不得上岗；检查各班级早开窗通风及室内温度；检查班级环境卫生，卫生间清洁及幼儿饮用水、水杯、毛巾等是否准备到位。

（4）晨检准备。

备好晨检物品：如体温枪、晨检卡、消毒巾、免洗洗手液、晨检记录本和笔及应急箱等。

（5）规范晨检。

先测量体温，后进行"一摸、二看、三问、四查"；晨检中发现身体不适的幼儿不得进园，劝其家长带幼儿回家观察或去医院就医。

（6）晨检后发卡。

将接送卡给晨检合格的幼儿家长。

（7）晨检记录。

晨检后，保健医需详细登记当日幼儿晨检情况，重点标注需要关注的幼儿，并提醒班级教师关注该幼儿的精神、喝水、大小便、吃饭、午睡等情况。

（8）综合保健医在晨间接待环节的工作，特别强调不可忽略迟到幼儿的晨检。

三、园长

（1）巡校园。

巡查园所大门内外的安全；保安员精神状态；操场环境卫生。及时排除安全隐患。

（2）巡厨房。

巡查厨房人员精神面貌及身体状况；食品验收情况；幼儿早餐规范制作情况。

（3）巡班级。

巡查各班级教师的工作状况，着装、仪容仪表等；当日教学准备；家园联系栏更新情况。

（4）迎接幼儿及家长。

偕同行政人员在园所大门内，热情地迎接家长及幼儿；必要时，回答家长的问题；妥善解决突发事件。

（5）巡保健医晨检工作。

检查保健医晨检准备是否充分，对幼儿是否耐心，对家长是否热情；晨检过程是否规范；晨检后是否有记录；对晨检未通过的幼儿，与家长的沟通是否有方法、讲策略。

（6）综合园长在晨间接待环节的工作，特别强调四点。

检查有记录；检查有反馈；检查有措施；检查有结果。

四、教师

（1）着装健康上岗。

穿标准园服，不佩戴饰物；发饰标准，长发扎（盘）起；穿平底、软底鞋。

（2）教室准备。

协助保育教师做好开窗通风，至少30分钟；协助保育教师做好晨间擦拭，包括家具、台面、窗台、地面及幼儿能触摸到的地方等。

（3）教学准备。

检查所有区域材料投放是否到位；更新家园联系栏张贴内容；备好当日教案与教具。

（4）迎接幼儿来园。

微笑：使用幼儿名字打招呼，微笑要自然，发自心底，不做作；拥抱：蹲下身热情拥抱幼儿，蹲下身是为了和幼儿的视线保持平行，让幼儿产生强烈的归属感；交流：和家长交流的同时要监控到幼儿，在班级门口所站的位置，要确保对教室中的幼儿随时监控；关注：引导幼儿将晨检卡插入晨检袋中，同时要知晓被关注的幼儿；再见：引导幼儿同家长说再见，教师有礼貌地和家长道别；整理：脱外衣，放书包，换室内鞋。

（5）早餐前洗手。

教会幼儿使用七步洗手法。不玩水，不玩香皂及洗手液，不浪费水。培养正确洗手、有效洗手的良好习惯。

（6）综合教师在晨间接待环节的工作，特别强调两点。

在晨间接待这个环节中，教师与家长短暂的交流很重要；疫情下，家长不进园区，分时段在园门口接幼儿时的流程、路径、分工很重要。

五、保育教师

（1）着装健康上岗。

穿标准园服，不佩戴饰物；发饰标准、长发扎（盘）起；穿平底、软底鞋。

（2）教室准备。

早开窗通风：至少30分钟；晨间擦拭：包括家具、台面、窗台、地面及幼儿能触摸到的地方等；晨间消毒：包括水龙头、门把手等；备好饮水：幼儿来园前，备好幼儿饮用的温水；备好水杯：将消毒后的水杯，放于幼儿的水杯格中或消毒柜中；备好毛巾：将消毒后的毛巾，放于幼儿的毛巾格中或毛巾架上。

（3）卫生间准备。

擦拭门、门把手、窗台、隔板；清洗消毒小便池、厕刷、地面等。备好卫生纸。

（4）迎接幼儿来园。

使用幼儿名字打招呼，微笑自然，不做作；整理：脱衣服、放书包；鼓励孩子独立换鞋，挂书包，整理好衣物等。

（5）早餐前餐桌消毒。

准备好消毒容器、清—消—清毛巾，配兑好消毒液；早餐前15分钟，做好幼儿餐桌消毒，采用清—消—清的方法。

（6）取早餐。

按规定时间到备餐间取早餐，做好取餐前的手部清洁。按前一天晚餐人数取当天早餐量。取餐时，所有的餐具、餐点都要带盖，不能将食物暴露。

（7）综合保育教师在晨间接待环节的工作，特别强调。

疫情下，切记84消毒液配比浓度不同；消毒频率不同；消毒力度不同。

综上所述，幼儿园晨间接待环节，是一项繁杂又细致的工作。在晨间接待过程中，每个人的态度、情绪会对幼儿在园一日生活及家长一天的工作产生至关重要的影响。所以以饱满的精神、热情的态度、亲切的话语去迎接每一位入园的幼儿，是幼儿园各个岗位人员应尽的责任，它对幼儿在园一日生活的意义重大，所以晨间接待环节不容忽视。

幼儿园晨间接待环节流程图

保安员	保健医	园长	教师	保育教师
着装健康上岗 穿保安员制服，岗前测体温，体温正常上岗	**着装健康上岗** 穿护士服、护士鞋，不配戴饰物，不化妆，佩戴一次性口罩、帽子、手套	**巡校园** 巡视保安员状态，看园所环境，排除隐患	**着装健康上岗** 穿园服，不能佩戴饰物，长发扎（盘）起；淡妆，穿平底、软底鞋	**着装健康上岗** 穿园服，不能佩戴饰物，长发扎（盘）起；淡妆，穿平底、软底鞋
迎接幼儿及家长 站姿正确、举止端庄，热情礼貌地打招呼	**巡查厨房** 查人员健康状况；参与食品验收；查操作间就绪；查早餐准备情况	**巡厨房** 巡视人员状态；巡视食品验收；巡视规范操作	**教室准备** 开窗通风；清洁消毒；物品整齐；玩具到位	**教室准备** 开窗通风；晨间擦拭；晨间消毒；备饮用水，水杯、毛巾，卫生纸等
监督家长刷卡		**巡班级** 巡视教师面貌；巡视教学准备；巡视家园联系栏更新	**教学准备** 区域材料投放；更新家园联系栏；当日教案与教具	**迎接幼儿** 微笑，发自心底；关注，不忽略被关注的幼儿；整理，幼儿衣物井然有序
校车管理 疏导校车入停车位，保护幼儿安全入园	**巡查班级** 查教师身体状况；查班级早通风及室温，环境清洁及物品到位	**迎接幼儿** 巡视入园秩序；解答家长问题；解决突发事件	**迎接幼儿** 微笑，发自心底；拥抱，蹲下身；交流，监控幼儿；关注，不忽视被关注的幼儿；再见，引导幼儿与家长道别；整理，鼓励幼儿自己的事情自己做	**餐桌消毒** 备好消毒容器，清—消—清毛巾、配兑好消毒液，餐前15分钟，消毒幼儿餐桌，采用清—消—清的方法
疏导家长车辆 摆放警示牌和引导标志，疏导车辆至停车位	**晨检准备** 备好晨检物品，如体温枪、晨卡、晨检记录本、幼儿在园服药申请表及药箱等	**巡校车** 巡视司机和跟车老师周到服务，查车辆安全设施齐全、清洁消毒，行车记录等		
礼貌疏导交通			**自选活动** 组织早到班级幼儿的自选活动	**取早餐** 做好手部清洁，按前一天晚餐人数当天早餐量，取餐时所有餐具、餐点均需带盖，不能将食物暴露
迟到幼儿晨检 联系保健医、班级教师。晨检合格，教师带幼儿回班	**规范晨检** 测量体温进行"一摸、二看、三问、四查"	**巡晨检规范** 巡视保健医晨检是否热情、耐心；晨检准备充分；晨检过程规范；晨检后有记录	**早餐前洗手** 七步洗手法，不玩水，不浪费水；培养好洗手常规	
疫情下封闭管理 外人一律不入园，不接待家长参观。如遇来园检查人员，需进行"一问、二报、三测温、四登记、五消毒"	**晨检后发卡** 晨检合格发绿色卡、被关注发橙色卡、用药发红色卡			
	晨检后记录	**特别强调** 检查有记录；检查有反馈；检查有措施；检查有结果	**特别强调** 注重早晨与家长短暂交流；疫情下，在园门口接幼儿时流程、路径、分工很重要	**特别强调** 疫情下，切记84消毒液配比浓度不同；消毒频率不同；消毒力度不同
特别强调 严禁车辆入园；严禁家长带宠物入园；严禁家长在园吸烟	**特别强调** 不忽略迟到幼儿的晨检；遇带药幼儿切记家长签字与核对			

图2-1

幼儿园幼儿喝水规范化操作

一、幼儿喝水环节班级教师规范流程

教师在幼儿喝水环节中起着重要的作用，不仅要为幼儿营造喝水氛围、培养幼儿自我管理的能力，还应按步骤完成如下7项工作。

1. 创设幼儿喝水条件

给幼儿提供的饮用水必须是绝对安全的，无论使用哪一种饮水设备及方式，都须有相关的安全操作规程。保证给幼儿提供温度适宜的水。中大班的教师需详细地划分出接水区、喝水区，还要合理地规划出幼儿取、放水杯的路径，避免幼儿相撞。

2. 建立幼儿喝水常规

教师要引导幼儿按规定时间喝水，告诉幼儿也可随渴随喝。教师需建立起幼儿喝水的规矩，组织幼儿分组、安全有序地喝水。

3. 营造喝水氛围

环境对幼儿潜移默化的影响不容忽视，教师可以巧妙设计、创设环境，实现教育无痕的目的。教师也可选择适合的音乐作为幼儿喝水环节的专用音乐，每当幼儿听到播放这个音乐就知道该进入喝水环节了。教师还可在饮水处设计排队饮水的墙饰，张贴饮水儿歌。让幼儿在轻松和谐的氛围中，提高自主能力，积极主动轻松地喝水。

4. 教会幼儿喝水技能

教会幼儿会辨认标记，正确取放自己的水杯。能接适量的水，不过多，不过少，不把水洒在地上。双手拿水杯，一手扶水杯把儿，一手扶杯。喝完水后，按规定的路径将水杯放回原处。

5. 监督幼儿喝水

教师在幼儿喝水环节，需组织得当，三位教师分工明确、合理站位，照顾到所有幼儿，确保幼儿喝水安全。教师在幼儿喝水环节，给幼儿提的要求需简单明了、便于记忆。提醒幼儿接水时要排队有序接水，不挤、不推，端稳水杯到桌前或在喝水区喝水。

6. 纠正幼儿喝水问题

不爱喝白开水：因为有的幼儿在家里以饮料为主，需要教师与家长多沟通，达成喝白开水的一致意见。喝水量少：需要教师对每个幼儿的每次饮水量做到心里有数，对饮水量不足的幼儿给予特别的关注，鼓励饮足够的水。喝水抢位、说笑、打闹现象：需要教师反复提醒，加强安全教育。一边喝水一边玩：需要教师随时督促幼儿或个别指导幼儿规范喝水。

7. 培养幼儿喝水好习惯

培养幼儿渴了主动喝白开水的习惯；培养幼儿有序接水、遵守喝水规则的习惯；培养幼儿正确喝水，喝水时不说笑打闹、不玩水杯的习惯；培养幼儿小口喝水，不把水洒地上或衣服上的习惯；培养幼儿按规则正确取放水杯的习惯。

二、幼儿喝水环节保育教师规范化操作

幼儿喝水的细节工作，对保育教师来说十分重要，从做好幼儿喝水前的充分准备，到指导幼儿正确喝水，遵守喝水规则，需按步骤有序做好如下5项工作。

1. 做好幼儿喝水准备

保育教师每天早晨将消毒后的幼儿水杯，规范码放在水杯格里。无论是哪种饮水设备，都须确保给幼儿提供的水温度适宜。一般在夏天最好喝与室温相当的水，冬天饮用水温度在40℃左右即可。保证幼儿饮水量。

2. 照顾托小班幼儿喝水

托小班的保育教师需帮幼儿倒好水，幼儿坐在桌子边喝水，不玩水杯，不把手伸进杯口，不把水洒在桌上或衣服上。

保育教师需逐渐指导幼儿学会辨认标记，自己取放水杯、接水。

3. 中大班幼儿喝水关照

中大班的保育教师需监督分组的幼儿喝水，指导幼儿接适量的水，维护幼儿喝水秩序，对取水杯、排队接水和喝水过程中的打闹、说笑、抢位、推搡等

现象及时给予个别教育。

4. 遵守幼儿喝水原则

保育教师应坚持遵守幼儿喝水的如下原则：幼儿餐前不多喝水；幼儿餐后不多喝水；幼儿吃饭时不同时喝水；幼儿午睡前不多喝水；幼儿剧烈运动后不马上喝水。

5. 水杯清洁消毒

保育教师需每天清洗消毒幼儿水杯，确保消毒规范。码放消毒后的水杯时，注意水杯之间不可接触。

特别强调：盛装水的水壶及保温桶每晚刷净，避免剩水和水垢；及时清理洒在桌上、地上、身上的水，并及时为幼儿更换衣服；根据幼儿身体情况、活动量及天气，注意调整饮水量。

三、幼儿喝水环节保健医的工作流程

巡视幼儿喝水，是保健医一天必不可少的工作之一，监督检查各班级教师培养幼儿有序喝水的好习惯是关键。因此，保健医在幼儿喝水环节中，需做好以下6方面巡视巡察工作：

1. 巡视幼儿喝水准备

保健医在巡视幼儿喝水准备时，首先，检查幼儿水杯是否消毒，水杯格是否清洁。其次，检查为幼儿准备的水温度是否合适，饮用量是否充足。

2. 巡视幼儿喝水常规

保健医在巡视幼儿喝水常规时，首先，检查教师是否有序组织幼儿喝水，幼儿是否按规定安静地取水杯、排队接水、轻松喝水、有序地把水杯放回原处。其次，保健医需检查保育教师看护幼儿喝水是否耐心、服务到位。

3. 巡视幼儿喝水氛围与秩序

保健医在巡视幼儿喝水氛围、秩序时，首先，检查班级教师是否给幼儿创设了喝水氛围，幼儿是否伴随着喝水的音乐，分组安静轻松地去取水杯、接水、喝水等。其次，保健医检查教师如何维护喝水秩序，没有混乱现象。

4. 巡视幼儿喝水规范

保健医在巡视幼儿喝水规范时，重点检查幼儿是否掌握了喝水技能，取拿水杯、喝水的方法是否正确，喝水的全流程是否顺畅。

5. 巡视教师遵守喝水规则

保健医在巡视教师遵守喝水规则时，首先，检查教师是否组织幼儿分组喝水，要求很明确，监督执行到位。其次，保健医需检查教师是否根据幼儿身体情况、活动量、天气的变化调整饮水量。再次，保健医需检查班级是否遵守了幼儿喝水原则：幼儿餐前不多喝水，幼儿餐后不多喝水，幼儿吃饭时不同时喝水，幼儿午睡前不多喝水，幼儿剧烈运动后不马上喝水。

6. 巡视幼儿喝水习惯养成

保健医在巡视幼儿喝水习惯养成时，重点看班级是如何培养幼儿喝水常规的，详情如下：幼儿是否做到了随渴随喝水，幼儿是否有序地接水，幼儿是否学会了正确喝水，幼儿取拿水杯是否规范，幼儿是否遵守喝水规则，幼儿是否养成了自觉喝水的好习惯。

总之，幼儿喝水的问题，看似微不足道，其实不然。《幼儿园教育指导纲要》明确指出：幼儿园必须把保护幼儿的生命放在工作首位。幼儿年龄越小，体内所需水分比例就越高，及时地补水对幼儿身体发育非常重要，如何培养幼儿自觉足量的喝水习惯更是重中之重。因此，幼儿园应高度重视，让教师们在实践活动中采取适宜的策略和方法，让幼儿养成良好的健康行为。

幼儿园幼儿如厕规范化操作

一、班级教师

班级教师在幼儿如厕环节中起着重要的作用，不仅要为幼儿营造好的如厕氛围、刻意培养幼儿自理能力，还应按步骤完成如下7项工作。

1. 创设幼儿如厕条件

保持厕所空气清新，便池洁净、无异味，提供数量充足、大小适宜的卫生纸，是确保幼儿规范如厕的基本条件。

班级教师根据幼儿实际需要及厕所设施条件，在厕所地面、墙面、隔板、便池等位置张贴图片或标记，如提裤子的方法步骤、擦屁股的流程图等，语言简洁，意思明了，便于理解，易于记忆，营造宽松、安全、和谐的如厕氛围。

2. 培养幼儿如厕常规

教师培养幼儿如厕常规很重要，只有让幼儿知其然也知其所以然，理解深刻、记忆长久才能指导今后的行为。例如，懂得在园如厕是一件很正常的事，不紧张，不拒绝；懂得及时排便对身体健康有好处，有便意时知道告诉老师，自己如厕及时排便；有尿意应及时上厕所，不憋尿；如厕排队，不拥挤；看清男女标识如厕；如厕后及时冲厕，保持便池的卫生；自己脱裤子、提裤子，大小便入池，便后自理；知道在厕所逗留、玩耍有危险等。

3. 营造如厕氛围

教师可选择适合的音乐作为幼儿如厕环节的专用音乐，每当幼儿听到播放这个音乐就知道该进入如厕环节了。教师组织幼儿如厕时，在男女分厕的基础上还要做到分批分次有序如厕，避免人多拥挤、发生意外。

4. 教会幼儿如厕技能

教师要掌握培养幼儿如厕技能的方法与策略，便于引导幼儿正确有序如厕。比如，带领幼儿认识男女厕所环境、器具，了解器具的使用方法；教会幼儿使用小便池的正确方法；教会幼儿便后擦屁股的正确方法；教会幼儿正确脱裤子、提裤子的方法；教会幼儿使用卫生纸的正确方法；教会幼儿正确冲马桶的方法。

5. 监控幼儿如厕

洗手间是幼儿园安全事故的高发地带，有序组织、管理到位、教师合理站位是关键。这就要求班级三位教师，根据实际情况，选择好合适的站位、落实到位、顾及所有幼儿，避免安全事故的发生。

6. 观察幼儿如厕不良习惯

有些幼儿将卫生间作为"自在"的空间，表现得比较"自由"，比如，争抢厕位，走上台阶还没站稳、蹲稳，就慌慌张张开始大小便，常常导致撒到便池外、裤子上；边便边聊天、嬉笑，有时还会因小事而争执，你推我一把，我拉你一下，导致滑倒磕伤。裤子提好后喜欢绕着卫生间奔跑追逐。频繁冲水玩、玩卫生纸等。这就要求教师要掌握全班幼儿大小便规律，培养幼儿按时、及时排便的习惯。对如厕过程中的喧哗、嬉戏、争抢厕位等个别问题，及时进行引导和教育。

7. 养成幼儿如厕好习惯

如厕对成人而言再简单不过了，但对幼儿来说却是莫大的挑战。学会如厕是幼儿成长过程中的一座里程碑，从后知后觉地排尿到警惕身体内部的变化，报告尿意，然后进厕所、脱裤子、坐马桶，最后排泄。将一次如厕过程分成若干步，就会发现幼儿不仅要学会控制自己的排泄系统，还要掌握反应速度，更需要一定的自控力与忍耐力。这些能力的获得既需要排泄系统的成熟，也需要幼儿不断的学习。当然更需要教师采取多种方法与策略，培养幼儿如厕的好习惯。

比如，教师可利用儿歌、故事等形式，指导孩子自我管理；让孩子很清楚地知道如何做好每一个步骤，润物细无声地提高孩子的自理能力。教师可通过榜样、示范等鼓励表扬的方法，可调动起幼儿的积极性，可以让遵守规则的幼儿得到心灵满足。针对幼儿如厕时不注意安全的问题，教师要采取适宜的教育对策，给幼儿讲解如厕时不注意安全的危害，并告知安全注意事项，让幼儿树立必要的安全意识，时刻注意如厕安全。

二、保育教师

幼儿如厕的细节工作，对保育教师来说十分重要，从做好幼儿如厕前的充分准备，到指导幼儿正确脱裤子、提裤子，擦屁股，及卫生间的清洁与消毒等都需按步骤有序地做好如下6项工作。

1. 做好幼儿如厕准备

保育教师做好幼儿如厕前准备，营造轻松、安全、和谐的如厕氛围。是每天重要工作之一，包括保持厕所空气清新、便池洁净、无异味，地面干燥、无积水，提供数量充足、大小适宜的卫生纸等。由于幼儿如厕环节具有重复性，保育教师不仅在每天多频次、随时清洁，更重要的是确保幼儿如厕安全，不让洗手间成为幼儿园安全事故的高发地带。

2. 托小班幼儿如厕看护

托小班的保育教师，需用接纳、平和的态度对待幼儿如厕行为，帮助并教会幼儿脱裤子、用正确的方法擦屁股，提裤子。掌握全班幼儿大小便规律，培养幼儿按时、及时排便习惯。处理好幼儿尿裤子、拉裤子的情况。幼儿如厕后，教师为幼儿擦净并教会幼儿擦屁股的方法，协助幼儿一层一层将裤子提好，冬季将秋衣放在秋裤里面，以免受凉，教师同幼儿一同洗手，让幼儿感受如厕的全流程，并慢慢模仿自己能独立完成如厕的自理及卫生习惯的养成。

3. 中大班幼儿如厕关照

中大班的保育教师，在幼儿如厕环节合理站位，监控到卫生间所有幼儿是关键。观察男孩、女孩有序如厕，排便入池、便后自理；指导能力弱的幼儿独立完成便后擦屁股、整理衣服、冲刷厕所等。同时做到随时清理地面积水，确保幼儿如厕安全。

4. 维护幼儿如厕秩序

保育教师在男女孩分别如厕的过程中，随时提醒幼儿排好队、不拥挤、不争抢厕位，如厕后不在卫生间逗留、打闹。对如厕过程中的喧哗、嬉戏、尿不入池、争抢厕位等个别问题，及时进行引导和教育。

5. 卫生间清洁与消毒

卫生间的清洁与消毒工作是保育教师每天的重要工作之一，在幼儿使用前营造幼儿如厕良好环境；幼儿如厕后，清洁消毒马桶或蹲坑、小便池；卫生间地面随时清理保持干燥，避免幼儿滑倒；清洁工具专用、用后洗净消毒悬挂晾晒；清洁剂放于幼儿触摸不到的地方。

6. 消毒记录

保育教师每天需将卫生间清洗消毒的次数与状况做详细记录。特别强调：如遇到幼儿尿裤子或拉裤子的现象，保育教师要及时进行清洗，需使用专用水盆或水池。

三、保健医

巡视幼儿如厕，是保健医一天中必不可少的工作之一，尤其是监督检查各班级教师培养幼儿有序如厕的好习惯更是重中之重。因此，保健医在幼儿如厕环节中，需做好以下6方面巡视巡察工作。

1. 巡视幼儿如厕规范

保健医在巡视幼儿如厕规范时，首先检查卫生间环境，是否做好充分准备。包括，卫生间清洁消毒，地面干燥、无积水，备好卫生纸等。其次检查幼儿是否男女孩有序如厕，没有嬉戏打闹、争抢厕位的现象。

2. 巡视幼儿如厕常规

保健医在巡视幼儿如厕常规时，首先检查教师组织幼儿如厕是否规范，是否管理到位，是否运用了技巧与策略引导幼儿正确有序如厕。其次检查幼儿如厕保育教师看护是否到位，是否做到了对如厕过程中的喧哗、嬉戏、尿不入池、争抢厕位等个别问题，及时进行引导和教育。

3. 巡视教师站位

保健医在巡视幼儿如厕环节教师站位时，主要检查班级三位教师是如何站位，如何合理分工、站位是否到位，是否能顾及所有幼儿，没有"死角"现象。

4. 巡视幼儿如厕规则

保健医在巡视幼儿如厕规则时，重点检查幼儿是否具备如厕的自理能力，以及幼儿是否遵守如厕规则。包括，是否正确使用坐式、蹲式便池及小便池；擦屁股方法是否正确；脱裤子、提裤子方法是否正确；是否正确冲马桶以及便后主动去洗手、排队不打闹等。

5. 巡视保育教师工作细节

保健医在巡视幼儿如厕环节保育教师的工作细节时，重点检查卫生间的清洁消毒，清洁剂存放，清洁工具的清洗消毒，消毒登记以及幼儿拉尿裤子的处理等方面是否规范，规范化流程是否做到了定在细处、落到实处。

6. 巡视幼儿如厕习惯培养

保健医在巡视幼儿如厕环节教师培养幼儿如厕习惯时，重点检查幼儿是否安静如厕、是否如厕自理、是否大小便入池、是否便后正确冲水、便后是否主动洗手、幼儿安全如厕的意识强不强等。

关系到幼儿的事情没有一件是小事。如厕看似是小环节，却能反映幼儿最基本的生活自理能力和卫生习惯。

总之，幼儿如厕环节具有重复性和频繁性的特点，但却存在不小的教育价值，只要我们运用合理的引导方法，一定会让幼儿养成良好的卫生习惯，培养幼儿健康、快乐、自信的生活态度，是每一位幼教工作者的使命与职责。

幼儿园户外活动规范化操作

一、幼儿园户外体育区域活动环境创设

1. 常规性户外区域创设

按照基本动作划分区域：走跑区、跳跃区、投掷区、攀登区、平衡区等；按照不同的综合性器械划分区域：大型器械活动区域、小型器械活动区域等。

2. 主题体育区域创设

主题体育规则游戏：在常规性户外体育区域活动中渗透主题课程的活动内容，有目的有计划地通过设置的场景使幼儿得到学习与发展。主题体育自主游戏：根据主题活动以及幼儿的兴趣和实际需要，共同创设和构建新的主题体育区域。

3. 体育运动器械的投放

依据幼儿年龄、兴趣、需要投放体育运动器械。

（1）走跑区：变化移动的路线，如曲线、折线等。

（2）跳跃区：投放高矮、远近不同的器械；多种材料的器械。如沙包、呼啦圈等。

（3）投掷区：沙包、网球、墙面上卡通动物，地面设置不同距离的投掷线等。

（4）攀登区：攀登架、钻圈、呼啦圈、轮胎、攀岩墙等。

（5）平衡区：长凳、平衡木、梅花桩、过河石等。

4. 主体材料和辅助材料

主体材料：对幼儿动作发展起主要作用的活动材料和器械。比如平衡区里的平衡木、投掷区里的网球和沙包等。

辅助材料：增加趣味性和挑战性的活动材料和器械。比如投掷区里的卡通动物等。

二、户外体育区域活动的准备

1. 物质准备

体育运动器械的准备：根据户外体育区域活动目标和内容准备相应的运动器械，并在相应的区域提前摆放好需要的体育运动器械。

2. 精神准备

教师充分尊重幼儿的兴趣和需要，体现以幼儿为主体的游戏活动。营造轻松愉快的活动氛围，让孩子积极参与体育活动。教师注重观察指导，及时给予幼儿支持。

3. 安全准备

教师要事先检查区域活动环境的安全和运动器械的安全性。根据区域活动内容设置不同的区域标识牌：标识运动方向，场地范围，运动时遵守的规则。活动前制定好活动常规，比如爱护体育器械的常规，使用运动器械的常规等。根据幼儿园场地大小，适时安排各班级进行户外体育区域活动，比如时间的安排，场地的安排等。对幼儿进行安全知识教育，比如自我保护意识和技能等。

三、户外体育区域活动的开展

1. 确定活动目标

发展幼儿走跑跳等基本动作；满足幼儿个体发展的需求；激发幼儿积极参与体育活动的兴趣。

2. 确定活动内容

注重在区域活动中发展幼儿的基本动作，以及幼儿自主运动能力和幼儿的创造性。根据本年龄段的目标，满足幼儿的不同需要，选择重点活动内容。根据主题活动的内容选择适宜幼儿进行锻炼的体育活动内容。

3. 确定活动步骤

热身活动：教师在幼儿活动前进行身体拉伸活动。

熟悉区域：让幼儿提前熟悉区域场地的位置、标识和器械。

明确常规：建立好体育区域活动常规，并引导幼儿熟悉和遵守。

自主游戏：幼儿根据自己需要选择想要的游戏区域。

教师指导：教师在幼儿活动时，注重观察和指导，关注个体差异。

活动结束：引导幼儿整理区域器械，将物品归位。

四、户外体育区域活动评价

1. 评价区域设置

场地设置科学合理；符合幼儿年龄特点和需要。

2. 评价区域活动目标

适合幼儿身心发展需要，目标明确、具体，符合本班幼儿实际发展水平，具有可操作性。体现三维目标：知识、技能与情感目标。

3. 评价区域活动内容

活动内符合本年龄段幼儿体能发展需要。活动内容循序渐进，层层递进，融入幼儿基本动作练习设计的活动量适宜，符合幼儿身心发展规律。

4. 评价区域活动准备

能充分运用现有场地，设计合理的运动程序。根据目标要求投放适宜的运动器械，材料充足，实用、耐用，有层次性和探索空间，满足不同幼儿的发展需要。幼儿在本次活动相关的经验准备。安全检查是否做到位。

5. 评价区域活动过程

重点难点突出，通过教师指导，形成幼儿的关键经验。教师科学地安排运动强度和运动密度。小班15—20分钟，中班20—25分钟，大班30—35分钟。关注个体差异，观察幼儿活动情况，根据需要有针对性地进行互动。帮助幼儿解决问题。

6. 评价区域活动效果

班级幼儿能充分利用区域场地、器械和玩具材料主动参与活动；幼儿情绪愉快、面色红润、微微出汗。班级幼儿的基本动作和身体素质有发展，能达到本次活动的发展目标。师生关系整体和谐、融洽。

五、注意事项

1. 教师制定活动内容要依据幼儿发展的需要

教师要了解本班孩子的年龄特点；了解幼儿的实际经验和水平；了解幼儿的需求和兴趣。

2. 教师要做好安全工作

培养幼儿自我保护意识；关注材料的安全问题；定时对体育运动器械进行

安全检查和消毒；注重对幼儿使用体育器械玩法的指导；提高幼儿自我保护的能力。

幼儿园户外体育区域活动流程，解决教师在开展户外体育区域活动中的难点和出现的实际问题，为教师正确开展户外体育区域活动提供理论依据和方法支撑，帮助教师达到户外体育区域活动目标。

幼儿园幼儿用餐规范化操作

一、幼儿用餐环节保育教师工作流程

保育教师在幼儿用餐环节中起着十分重要的作用，不仅仅是为幼儿创设了良好的整洁、明净、舒适的用餐环境，还按照顺序与步骤完成了如下9项工作。

1. 餐桌消毒准备

备好专用消毒水盆、水盆上标有"清"和"消"的字样。注意清—消—清3块毛巾中"消毒"毛巾不得是带颜色的，以免消毒水使其变色。

按比例配兑好消毒液，每餐前15分钟进行餐桌消毒。

2. 餐桌消毒方法

采取清—消—清的方法，具体流程如下：

第一遍：将清水浸泡的毛巾对折，双手扶着毛巾上下滑动并排擦拭桌面，擦拭时桌面不能有未擦过的空隙面，擦拭后将桌边沿逆时针方向擦拭一次。

第二遍：将浸泡84消毒液的毛巾对折，（方法同上）经84消毒液擦拭的桌面，84消毒液要滞留桌面8—10分钟。

第三遍：将毛巾对折，（方法同上）在保育教师指导下第三遍清水擦桌子可培养值日生擦拭，切记值日生只能完成第三遍擦桌子的过程。

3. 取餐前准备

保育教师在取餐前须穿分餐服，戴分餐巾、袖套、专用口罩，清洁洗手后，在消毒后的幼儿餐桌上备好餐巾纸、盛装残渣的容器。

4. 取餐

保育教师到厨房分餐间窗口排队取餐，所取的餐具、菜、饭、汤盆或锅均须盖盖，不能将餐具及食物暴露，还需做到冬季保暖、夏季降温。

5. 分餐

对食物察言观色，发现异常、确认食物非正常时立即停止用餐。关注过敏幼儿食物，避免出现误食。把饭菜盛完后，洗完手的幼儿把自己的饭端走，随吃随盛。严禁菜饭同碗、严禁汤泡饭、严禁教师拿着勺或盆从幼儿头上经过，以防洒在幼儿头上或身上。

6. 增添饭菜

如有幼儿需要增添饭菜，请幼儿举手并运用用餐礼仪。增添饭菜需少量、多次。汤待温热时搅拌后再盛。

7. 照顾特殊幼儿

幼儿用餐过程中，保育教师要对体弱儿、吃饭慢的幼儿及特殊幼儿进行特别关注，可让体弱、吃饭慢的幼儿先上桌，肥胖儿及超重儿先喝汤后吃饭，提醒他们细嚼慢咽，对小年龄幼儿必要时给予喂饭。如遇幼儿洒、吐、掉在身上的饭菜汤，保育教师须及时清理更换。

8. 餐后幼儿送餐具

保育教师引导幼儿把餐具放到指定的器皿中，碗按规定码放，筷子或勺放于指定收纳盒里。

9. 餐后收拾清洁

引导幼儿把残渣倒入专用垃圾桶内。擦净桌面油渍，再用清水擦净。抹布专用，用后洗净消毒、晾晒。所有餐具不落地，及时送厨房清洗消毒。

特别强调：

餐桌消毒时幼儿不可在桌旁。早餐按前一天晚餐人数取餐。对食物过敏的幼儿倍加关注。分餐时，严禁盆和勺从幼儿头上经过。

二、幼儿用餐环节班级教师工作流程

幼儿用餐环节的细节组织，对班级教师来说是全天重要工作之一，从幼儿用餐准备，到用餐良好习惯的培养，到餐后活动的组织，都需要班级教师有计划、有步骤、有序地做好如下9项工作。

1. 餐前准备

班级教师组织好幼儿餐前盥洗，教会幼儿按七步洗手法有效洗手，做到不玩水、不浪费水。幼儿餐前15分钟，幼儿不做剧烈活动。幼儿餐前，教师不处理幼儿问题。

2. 营造用餐氛围

营造幼儿用餐氛围很重要，用音乐律动和手指游戏及安静听音乐或故事两种形式组织幼儿盥洗，减少等待现象。餐前活动的组织是一日活动的一个重要环节，教师充分利用好这段时间可以让小朋友有愉悦的进餐心情，带着一份愉快的心情吃饭。

3. 分餐

介绍当日饭菜的营养成分，激发幼儿食欲，食谱的介绍不仅可以丰富幼儿的知识，了解各种食物的营养价值，同时还能让幼儿对每天的饭菜感兴趣，帮助孩子愉快地进餐。关注过敏幼儿食物，避免出现误食。饭菜不同碗、少盛多添，严禁汤泡饭。严禁盆和勺从幼儿头上经过。

4. 培养幼儿用餐好习惯

教师要求幼儿进餐时保持桌面、地面和衣服的清洁。坐姿正确，做到幼儿身体贴近桌边，两腿弯曲平放。吃饭时要慢嚼细咽、干稀荤素搭配着吃，一口菜、一口饭，不说笑和打闹。不剩饭菜，咽完最后一口饭菜后，再离开座位。

5. 观察幼儿用餐

幼儿用餐时，教师需注意观察幼儿的食欲和食量。纠正幼儿暴食、偏食、挑食等不良习惯，对挑食、厌食的幼儿进行帮助。鼓励幼儿把自己的饭菜吃完，不挑食、不浪费，保证营养均衡。

6. 坚持用餐原则

严禁汤泡饭；用餐时间保持在20—30分钟；按年龄段使用勺和筷子；不催幼儿快吃饭，保证幼儿进餐时的情绪愉快。

7. 特殊幼儿关照

幼儿用餐的过程中，教师要对体弱、吃饭慢的幼儿及特殊幼儿进行特别关注。可让体弱、吃饭慢的幼儿先上桌。肥胖儿及超重儿先喝汤后吃饭，提醒他们细嚼慢咽。对小年龄幼儿必要时给予喂饭。

8. 餐后幼儿送餐具

幼儿用餐结束后，教师要培养幼儿正确的擦嘴方法，并把用后的餐巾纸扔进纸篓的习惯。按规定的路径，把餐具放到指定的器皿中，碗按规定码放，筷子或勺放于收纳盒里。

9. 餐后活动

培养幼儿送餐具后，主动漱口，中大班有序地刷牙的习惯。因幼儿进餐的速度不一，教师需要合理分工、科学站位，既要照顾进餐的幼儿，还要照顾餐后的幼儿。幼儿可根据自己的意愿选择看图书、搭积木、区域活动等各种小活动，待全部小朋友用餐完毕，教师组织大家进行餐后散步活动。

特别强调：

餐前幼儿不做剧烈活动、教师不处理幼儿问题；对食物过敏的幼儿倍加关注；分餐时，严禁盆勺从幼儿头上经过；用餐过程中，培养幼儿餐桌礼仪。

三、幼儿用餐环节保健医的工作流程

严把幼儿用餐关，是保健医一天必不可少的重要工作之一，这是因为食品安全以及幼儿用餐的习惯养成，对幼儿健康与成长起着举足轻重的作用。因此保健医在幼儿用餐环节中的最大价值在于完成以下7方面巡视巡察工作。

1. 巡视餐前准备

（1）检查厨房饭菜准备，包括：

检查当日食谱与制作的饭菜是否一致；

检查是否按规定的时间供应饭菜；

检查厨房备好的饭菜是否夏季降温、冬季保温；

检查饭菜是否科学烹调，色、香、味俱佳；

检查是否按幼儿出勤人数制作的饭菜量；

检查是否在分餐前，进行了每种食品的留样；

检查分餐前，分餐间是否进行了紫外线消毒。

（2）检查幼儿用餐准备，包括：

检查保育教师是否在餐前做好了餐桌清—消—清工作；

检查教师在餐前是否组织幼儿使用七步洗手法规范洗手；

检查教师是否营造了餐前良好氛围，让幼儿愉悦进餐；

检查教师是否在进餐前介绍了食物营养成分，激发幼儿进餐欲望。

2. 巡视幼儿用餐常规培养

巡查幼儿用餐时的坐姿是否正确，是否做到了幼儿身体贴近桌边，两腿弯曲平放；

巡查幼儿用餐时地面、桌面、衣服是否清洁；

巡查幼儿用餐时是否做到了细嚼慢咽、干稀搭配，不说笑打闹，不剩饭菜，安静愉快用餐。

3. 巡视教师观察幼儿用餐

检查教师在幼儿用餐时，是否观察了幼儿食欲和食量；

检查教师在幼儿用餐时，是否有意识地纠正暴食、偏食、挑食的不良习惯；

检查教师在幼儿用餐时，是否鼓励幼儿把自己的饭菜吃完，不浪费粮食。

4. 巡视遵守用餐原则

检查在幼儿用餐中，是否有汤泡饭现象；

检查幼儿用餐时间，是否保证在20—30分钟；

检查教师及保育教师给幼儿分餐、添加饭菜是否规范。

5. 巡视特殊儿照顾

幼儿用餐时，巡查班级是否让体弱、吃饭慢的幼儿先上桌；

幼儿用餐时，巡查班级是否让肥胖儿及超重儿先喝汤后吃饭，提醒他们细嚼慢咽；

幼儿用餐时，巡查班级是否小年龄幼儿，必要时教师喂饭。

6. 巡视餐后幼儿送餐具

巡查幼儿用餐完毕后，是否按规定路径，有序地收拾餐具。按规定码放碗、勺到指定的收纳盒。

7. 巡视餐后常规培养

巡查幼儿用餐完毕后，是否有序地进行擦嘴，并把用后的餐巾纸扔进纸篓，小年龄段幼儿主动漱口，中大班餐后有序刷牙，以及教师有序地组织幼儿餐后的活动。

总之，幼儿用餐环节的组织，及幼儿用餐良好习惯的养成是幼儿园生活教育的重要目标，关系到幼儿的健康及茁壮成长，需要幼儿园各岗位高度重视，每一个小细节都不忽视，才能让幼儿天天愉快、餐餐愉悦，健健康康地长大！

幼儿午睡规范化操作

一、幼儿午睡环节保育教师工作流程

保育教师在幼儿午睡环节中起着十分重要的作用，不仅仅是为幼儿创设了良好的睡眠环境，还应按顺序与步骤完成如下九项工作。

（一）午睡前开窗通风

幼儿午睡前，保育教师除了保证睡眠室清洁干净外，还应在幼儿午睡前半小时开窗通风，确保空气新鲜流通。

冬季，需在午睡前关闭窗户。

夏季，需在午睡前空调开启时关闭窗户。

（二）营造午睡氛围

幼儿午睡前，保育教师应拉好窗帘、调节好睡眠室的光线，窗帘选用合适的，既不能太亮也不能太暗，光线太亮不利于幼儿进入睡眠，光线太暗会增加幼儿的恐惧感与不安感。

（三）调节好睡眠室温度

幼儿睡眠室温度夏季保持在26—28℃，冬季保持在18—22℃比较合适。温度不宜过高或过低，温度过高会使幼儿心情烦躁与发热，温度过低幼儿容易感冒。

（四）准备好床铺

幼儿午睡前，保育教师应帮助小年龄幼儿铺好床，并掀开被角。对于中大班的幼儿，应教会他们自己正确铺床，并鼓励他们自己的事情自己做。

（五）协助幼儿脱衣服

协助指导小年龄幼儿按顺序脱鞋、袜子、裤子、上衣，并将衣服叠好放置指定位置，鼓励中大班幼儿按照正确的顺序脱衣服，并将衣服叠好放到指定的地方。

（六）遵守看护午睡规则

看护幼儿午睡是保育教师一天中重要工作之一，严格遵守看护规则是应尽的职责。因此须做到不坐幼儿床、不睡幼儿床；不扎堆聊天、不玩手机；不做任何与看睡无关的事情；做到每隔15分钟巡视一次，及时给幼儿盖好被子；观察幼儿睡姿，及时纠正蒙头、吮手指、咬被角、俯卧等不正确的睡姿；对睡中惊醒的幼儿需给予轻轻的安抚；观察幼儿神色，发现异常及时报告保健医。

（七）照顾特殊幼儿

对于入睡较难的幼儿，保育教师可适当给予陪伴；对体弱儿需多关注。如果有咳嗽幼儿难以入睡时，可让幼儿适当地饮水；提醒尿床幼儿起床如厕，如厕时须披上外衣、穿上鞋子。

（八）特殊情况处理

保育教师在巡视中，若发现有幼儿发烧、咳嗽、呕吐等情况，立即报告保健医，视情况采取隔离措施，必要时通知家长送往医院；保育教师还要及时地处理生病幼儿的呕吐物，对床上用品及睡眠室进行彻底的清洁与消毒。

（九）做好交接班记录

幼儿午睡结束前，保育教师要详细记录午睡期间幼儿的安全、患病及对特殊幼儿的观察情况，记录需详细、无遗漏。

特别强调，幼儿午睡时保育教师需做到：

一听：听幼儿呼吸是否正常；

二看：看幼儿神态、举动有无异常；

三摸：摸摸幼儿额头的温度；

四做：踢开的被子，要为他们盖好；

眼勤：眼要盯着幼儿，严密注视意外情况的发生；

嘴勤：面对难入睡的幼儿，需耐心地劝他们尽快入睡；

手勤：对于睡姿不对的幼儿，要及时给予调整；

腿勤：在幼儿午睡期间，不断巡视、仔细观察。

二、幼儿午睡环节班级教师工作流程

幼儿午睡环节的组织，对班级教师来说是全天重要工作之一，从幼儿午睡准备，到午睡环境的营造，到午睡良好习惯的养成，需要有计划、有步骤、有序地做好如下九项工作：

（一）午睡前准备

幼儿午睡前教师带领幼儿轻松地散步，平稳幼儿情绪，不做剧烈的运动；午睡前，教师要组织幼儿有序地如厕，并培养好幼儿睡前如厕的习惯。

（二）午睡前安全检查

幼儿午睡前，教师应检查幼儿身上有无不安全物件，嘴里是否有没咽下去的食物；检查女孩是否摘掉了头上的卡子、头绳等，并放于指定的地方；对于午餐吃得过饱的幼儿，避免意外发生，可迟缓入睡。

（三）营造午睡氛围

教师为营造午睡的氛围，应有计划地播放睡前音乐或睡前故事，让幼儿尽快安静入睡。

（四）建立脱、放衣服的规则

教师指导幼儿先换拖鞋，脱袜子、裤子、上衣，并将脱下的鞋和衣服整理好，放于指定的位置，并养成好习惯。

（五）培养幼儿午睡好习惯

教师要让幼儿知道午睡对身体有好处；培养幼儿独立入睡，同伴之间不嬉笑喧闹；幼儿要懂得盖好被子，避免着凉；培养幼儿正确的睡姿；有需如厕幼儿，需告诉他们轻手轻脚，不吵醒其他小朋友；培养幼儿睡醒后，不打扰同伴的好习惯。

（六）履行看睡职责

看护幼儿午睡是班级教师一天中重要工作之一，严格履行好看睡是应尽的职责。因此须做到不坐幼儿床、不睡幼儿床；不扎堆聊天、不玩手机；不做任何与看睡无关的事儿；做到每隔15分钟巡视一次，及时给幼儿盖被子；观察幼儿睡姿，及时纠正不正确的睡姿；对睡中惊醒的幼儿需要给予轻轻地安抚；观察幼儿神色，发现异常及时报告保健医。

（七）特殊幼儿关照

对于入睡较难的幼儿，教师可适当给予陪伴；对体弱儿需多关注；如有咳嗽幼儿难以入睡时，可让幼儿适当地饮水；提醒尿床幼儿起床如厕，如厕时须披上外衣、穿上鞋子。

（八）特殊情况处理

巡视幼儿午睡时，如果发现幼儿有发烧、咳嗽、呕吐等情况，立即报告保健医，视情况采取隔离措施，必要时通知家长送往医院。

（九）做好交接班记录

幼儿午睡结束前，值班教师要详细记录午睡期间幼儿的安全、患病及对特殊儿的观察等情况，记录需详细、无遗漏。

特别强调，幼儿午睡时班级教师需做到：

一听：听幼儿呼吸是否正常；

二看：看幼儿神态、举动有无异常；

三摸：摸摸幼儿额头的温度；

四做：踢开的被子，要为他们盖好；

眼勤：眼要盯着幼儿，严密注视意外情况的发生；

嘴勤：面对难入睡的幼儿，需耐心地劝他们尽快入睡；

手勤：对于睡姿不对的幼儿，要及时给予调整；

腿勤：在幼儿午睡期间，不断巡视、仔细观察。

三、幼儿午睡环节保健医的工作流程

每天巡视幼儿午睡，是保健医一天必不可少的重要工作之一，这是因为幼儿午睡的安全以及幼儿午睡的习惯养成，对幼儿健康与成长起着举足轻重的作用。因此保健医在幼儿午睡环节中最大价值在于做好以下五方面巡视巡察工作。

（一）巡视睡前准备

1. 教师准备工作

检查午睡前教师是否带领幼儿进行轻松散步，幼儿情绪平稳；检查午睡前教师是否对幼儿进行了安全检查，消除了安全隐患；检查午睡前教师是否组织幼儿进行了有序如厕；检查午睡前教师，是否为幼儿营造了睡眠氛围；检查幼儿是否按顺序脱衣服、安静上床、独立入睡。

2. 保育教师准备工作

检查午睡前保育教师，是否开窗通风换气，睡眠室温度是否适宜；检查午睡前保育教师，是否挂好了窗帘，光线调整合适；检查午睡前保育教师，是否给小年龄幼儿铺好了床。指导大年龄幼儿自己铺床。

（二）巡视幼儿脱衣服顺序

保健医需检查各班级幼儿，是否按照脱衣服的顺序正确脱衣服。如先换拖鞋，脱袜子、裤子、上衣，并按要求规范地放置。

（三）巡视教师午睡的看护

保健医需检查各班级教师，是否做到了不坐幼儿床、不睡幼儿床、不扎堆聊天、不玩手机，不做与看睡无关的事情。是否做到了不断巡视，纠正睡姿、察言观色，发现异常立即报告保健医。

（四）巡视幼儿午睡常规养成

保健医需检查各班级幼儿，是否做到了有序脱衣、安静上床、无嬉笑喧闹，睡姿正确，如厕时知道穿衣、穿鞋，睡醒后不打扰同伴。

（五）巡视对特殊幼儿的照顾

保健医需检查各班级教师，是否做到了对特殊幼儿的照顾，比如：

对难入睡的幼儿是否进行了陪伴；对体弱儿是否给予了加倍关注；对身体不适的幼儿是否进行了特别照顾；是否提醒尿床幼儿及时如厕，并做到按要求规范如厕。

特别强调：

（1）教师要掌握不同年龄班的午睡时间。

（2）睡眠室的空调不可直吹幼儿。

（3）吃得过饱的幼儿可迟缓上床，避免出现意外。

（4）睡眠室不用蚊香驱蚊，选用电子驱蚊器，并放置到幼儿触摸不到的地方。

（5）午睡时，幼儿如厕不得赤脚。

总之，幼儿午睡有利于增强体质，保证幼儿睡眠充足，不仅对幼儿的生理机能具有调整的作用，还对幼儿的生长发育具有重要作用。

因此，幼儿养成良好的午睡习惯，不仅保证幼儿体力和脑力的恢复，还能促进幼儿生长发育和健康地成长。

幼儿起床环节规范化操作

一、幼儿起床环节班级教师工作流程

班级教师在幼儿起床环节中起着重要的作用，不仅要为幼儿营造起床氛围、培养幼儿自理能力，规范午检，还应按照顺序与步骤完成了如下七项工作。

（一）营造起床氛围

（1）提前5分钟播放起床音乐。

幼儿起床慢有个很重要的原因是到了起床时间，有些小朋友还在睡梦中没有醒过来，还有一些幼儿虽然醒来了，却还处于迷蒙状态，所以教师应在幼儿起床前播放起床音乐。

（2）将幼儿从睡梦中唤醒。

伴随着起床的音乐，教师可先帮助体弱儿和先醒来的幼儿穿衣服，或监督中大班幼儿自己穿衣服，睡醒的幼儿不着急起床，先在床上坐一会，还没有醒过来的幼儿由教师轻轻地将他们唤醒。

（二）指导幼儿穿衣服

教师帮助小班以下幼儿穿衣服。先穿上衣，后穿袜子、裤子、鞋子。指导中大班幼儿按顺序自己穿衣服。

穿衣顺序为：上衣、袜子、裤子、鞋。

穿上衣：先将上衣披在肩上，捏好衬衣袖口，再伸进衣袖翻好衣领，拉衣襟，再扣衣扣。

穿袜子：袜底放平，袜尖向前，两手将袜筒捏到袜后跟，再往脚上穿。先穿脚尖，蹬上脚跟，拉上袜筒。

穿裤子：先将裤子前片朝上放好，两脚同时伸进裤筒，裤腰往上提，把衬衣放入裤腰内，拉展平整。

穿鞋：先分清左右鞋，穿好、系好活扣鞋带。

（三）组织幼儿有序如厕

落实先穿衣服先如厕的原则，可减少幼儿如厕拥挤，避免出现意外事故。这个时候教师的合理站位很重要，让所有的幼儿均在教师的视线里，无"盲区"隐患。

（四）组织幼儿午检

一测：教师用体温枪，给所有幼儿测体温；

二摸：摸摸幼儿头有否发烧；

三看：看看幼儿神态和小手；

四查：检查幼儿身上有无小扣等物。

（五）午检正常

午检正常的幼儿排队跟随教师离开睡眠室，如果是寝教合一的教室，教师带领幼儿进入下一个环节。

（六）午检异常

教师在午检时，如发现有发烧等身体不适的幼儿，须第一时间报告保健医，由保健医带患儿到保健室观察诊断，采取必要措施，通知家长或送往医院。

（七）做好交接班记录

教师需将幼儿起床、午检时发现的安全、患病及观察情况进行记录。记录需详细、无遗漏。

二、幼儿起床环节保育教师工作流程

幼儿起床的细节工作，对保育教师来说十分重要，从创造幼儿起床条件，到指导幼儿按顺序正确穿衣，到起床后整理、清洁与消毒等都需按步骤有序做好如下六项工作。

（一）创造幼儿起床条件

保育教师在幼儿起床前做好充分准备，夏冬季节，起床前应提前15分钟开空调，调整温差，夏天要避免吹对流风；指导幼儿穿衣服时，先坐在被子里穿上衣，再起身穿裤子，防止感冒；保育教师在幼儿起床前，备好卫生纸、洗手液、梳子等，方便幼儿使用。

（二）协助幼儿穿衣服

保育教师在幼儿起床时，帮助或协助小年龄幼儿穿衣服，按照穿衣服的顺序，慢慢培养幼儿学会自己穿衣服；监督中大班幼儿用正确的方法自己穿衣服。

（三）看护幼儿如厕盥洗

保育教师在幼儿起床后如厕时，要与其他两位教师密切配合，按规定的位置站位，监控到如厕和盥洗的所有幼儿；保育教师还要随时清理地面积水，以免出现意外。

（四）整理幼儿穿着及发饰

保育教师在幼儿穿戴好衣服后，要注意检查幼儿穿着是否整齐，鞋子是否穿好、鞋带是否系好；保育教师还需协助教师帮幼儿梳头、系好头绳等。

（五）床铺整理及清洁消毒

保育教师在幼儿起床后，认真整理幼儿床铺，如发现有尿床及呕吐的现象及时清洗消毒；如发现被子、枕头有开线等情况及时缝上；幼儿起床后，保育教师要对睡眠室进行清洁与消毒。

（六）做好交接班记录

幼儿起床后，保育教师需将在幼儿起床期间发现的情况，记录在交接班的记录本上。记录需详细、无遗漏。

三、幼儿起床环节保健医的工作流程

巡视幼儿起床，是保健医一天必不可少的工作之一，尤其是监督检查各班级教师的午检工作更是重中之重。

因此，保健医在幼儿起床环节中，需做好以下五方面巡视巡察工作。

（一）巡视幼儿起床

保健医在巡视幼儿起床时，首先检查班级三位教师的工作细节是否到位、是否规范，班级是否存在起床混乱现象。其次，保健医还要检查幼儿起床是否有序，是否井井有条。

（二）巡视幼儿穿衣服

保健医在巡视幼儿穿衣服时，重点看教师培养幼儿正确穿衣服的好习惯，以及是否存在把裤子穿成三条腿，及穿反鞋的现象。

（三）巡视幼儿如厕

保健医在巡视幼儿如厕时，首先，要看幼儿如厕是否有序，有没有嬉戏打闹现象；其次，保健医要检查教师的站位是否合理，是否到位。

（四）巡视教师午检

保健医在巡视教师午检时，首先，检查教师午检规范，是否做到了一测：用体温枪给所有幼儿测体温；二摸：摸摸幼儿头有否发烧；三看：看看幼儿神态和小手；四查：检查幼儿身上有无小扣等物。其次，保健医在巡视保育教师工作时，重点看整理床铺及卫生清洁消毒是否规范。

（五）关注幼儿健康状况

教师午检发现身体不适的幼儿，保健医须带其在保健室观察，视情况进行隔离，联系家长，必要时送往医院；视生病幼儿诊断情况，采取消毒措施；做好相关登记以及追踪关注生病幼儿情况。

总之，为了促进幼儿生长发育和健康成长，在幼儿起床环节，确保组织有序、管理到位、教师站位科学合理、培养幼儿自理能力，才是最重要的。

幼儿园幼儿盥洗规范化操作

一、幼儿园幼儿盥洗活动流程的详细内容

（一）幼儿盥洗活动目标

技能目标：掌握各个盥洗活动的要领，能独立完成。

行为习惯目标：有序排队进行盥洗活动，并学会安静等待与轮流，知道在盥洗室内不吵闹。

健康目标：知道喝水、洗手、如厕、漱口有益于身体健康。

情感目标：培养节约用水的环保意识。

（二）明确幼儿盥洗内容

幼儿盥洗内容包括：幼儿如厕、洗手、喝水、漱口、洗脸、梳头等与生活

相关的内容。

（三）幼儿盥洗活动的准备

物质准备：肥皂、水杯、毛巾、厕纸、梳子、水源等物品。

精神准备：明确、清晰、指令性强的组织语言让幼儿知道要做什么，怎么做；亲切温柔的态度让幼儿感觉到轻松、愉快和温馨。

环境准备：盥洗方法的标识，比如洗手七步法、洗手池前的一米线的标识等；盥洗步骤的图示，比如喝水步骤，洗手步骤等。

二、教师职责分工

主班教师：组织幼儿分组进行盥洗；盥洗前给幼儿讲明盥洗要求。

配班教师：辅助主班教师组织幼儿分组盥洗；关注盥洗中的幼儿是否完成盥洗要求。

保育教师：准备好幼儿盥洗用具；关注水温，如根据季节注意饮用水的温度；关注并指导个别幼儿的盥洗情况。

三、盥洗过程指导内容

常规养成：指导幼儿正确使用盥洗用具，掌握使用方法；采用正确的盥洗方法完成盥洗内容；指导幼儿遵守盥洗规则。知道盥洗时要安静不吵闹，有秩序地进行盥洗活动。

动作技能发展：指导幼儿掌握各个盥洗活动的动作要领，如挽、湿、搓、冲、捧、甩、擦等动作技能；关注动作能力弱的幼儿，指导他们的动作技能。

习惯养成：通过盥洗活动，注重培养幼儿良好的生活习惯，如餐后漱口、饭前便后洗手、秋冬季涂抹护手霜等；培养良好的行为习惯，如爱护盥洗用具、安静地等待等行为习惯。

品德培养：通过图示、游戏等形式培养幼儿节约用水的环保意识；保持盥洗室环境整洁等。懂得盥洗活动对身体健康的重要作用。

四、盥洗活动总结

主班教师简单总结评价幼儿的盥洗情况，使用表扬、点评的方式鼓励幼儿盥洗中的良好表现。

注意事项：

盥洗用品的准备要充分，有利于幼儿盥洗常规的养成；注重盥洗目标的达成，教师要关注幼儿盥洗过程，关注幼儿盥洗的行为和态度；关注幼儿动作技能发展。对动作不到位或者不能掌握正确方法的幼儿，重点给予语言提示或者动作示范的个别指导。

幼儿园幼儿盥洗活动流程，不仅仅是帮助教师组织幼儿完成盥洗活动，更重要的是有利于教师在组织盥洗活动时，能关注到幼儿能力的发展以及在盥洗活动的需要完成的教育目标，对提高教师管理幼儿一日生活的能力具有指导作用和促进作用。

幼儿园幼儿离园规范化操作

幼儿园幼儿离园环节相关岗位人员工作流程如下。

一、保安员

（1）规范站岗执勤：保安员严格按照着装规定，穿保安员制服，缀钉，佩戴标志、领带、帽徽、肩章、臂章等；站岗执勤时，站姿正确、举止端庄，不擅自离岗。

（2）热情迎接家长：保安员迎接家长时，微笑有礼貌地与家长打招呼；安全弦紧绷，随时环顾周边情况，做到"眼观六路，耳听八方"，及时发现问题，妥善解决问题。

（3）监督家长持接送卡：保安员要提示家长持接送卡，无卡者不得入园；严把园所大门，严禁幼儿擅自离园。

（4）指挥校车：保安员在幼儿离园前，排除路障，指挥校车停入固定的停车位，便于幼儿安全上车。

（5）疏导车辆：保安员要疏导园外车辆，让校车安全上路；校车安全上路后，再打开幼儿园大门，让家长刷卡进入校园。

（6）疏导家长车辆：保安员提前做好车辆疏导的准备工作，确保停车位和园大门内外安全无障碍物；摆放警示牌和引导标志。

（7）礼貌疏导交通：保安员需站在车流侧面，右手停止手势截住车辆；左手示意家长和幼儿通过；幼儿及家长通过后，示意车可通行。

（8）关注离园安全：保安员要随时关注，离园时园内玩耍的幼儿安全，提醒家长不带幼儿在园内久留。

（9）疫情期间幼儿离园：疫情期间，幼儿园会实行封闭管理，家长不进园区；保安员需维护好家长在园外等候的安全秩序，以及离园时园内园外的安全。

二、班级教师

（1）幼儿离园前准备：幼儿离园，对教师来说是一个比较忙乱的环节，班级教师做好离园前准备工作最关键，不仅要分工明确，更要各负其责、执行到位。

（2）组织幼儿如厕：幼儿离园前，教师组织幼儿进行分组排队、有序如厕是不可或缺的一个内容，要求幼儿遵守如厕规则，做到所有幼儿均在教师的视线中。

（3）组织幼儿盥洗：对于小班以下的幼儿，教师需帮助挽起袖子、洗干净小手，别忘记秋冬季给幼儿涂抹护手霜；对于中大班的幼儿，教师要指导并监督幼儿规范有效洗手，秋冬季自己涂抹护手霜。

（4）稳定幼儿情绪：在幼儿如厕、盥洗之后，教师需组织幼儿进行安静的活动，比如总结一天的学习生活，表扬幼儿的进步，平稳心态，消除急于回家的焦虑情绪。

（5）整理幼儿物品：整理衣物是离园环节必做的事情，对于小班以下幼儿，教师需帮助他们并教会他们整理自己的衣物；对于中大班幼儿，教师需指导并监督他们自己有序地完成整理衣物的这个环节。

（6）幼儿晚检及检查着装：幼儿离园前，对幼儿进行晚检是很有必要的，教师要观察幼儿精神状况，监测是否发烧。检查衣服穿着是否整齐，天冷时秋衣掖在裤子里；鞋子是否穿正，鞋带是否系好，让幼儿健健康康、整整齐齐地离园。

（7）组织离园前活动：幼儿离园前，教师需根据幼儿兴趣，让幼儿自选安静的离园活动，减少无聊等待，等家长来接时，要求幼儿将玩具、椅子等收放整齐，并养成自觉执行的良好习惯。

（8）与家长简短交流：在幼儿离园时，与家长的简短交流很重要，教师要面带微笑，反馈家长交代的事宜及幼儿在园情况，与家长交流的同时，教师站位要合适，务必监控到教室内的幼儿。

（9）培养幼儿道别习惯：在幼儿离园时，着重培养主动与老师、小朋友道别的好习惯，老师与小朋友及家长礼貌道别也很重要，榜样的力量是无穷的。

（10）离园后整理工作：在幼儿离园后，教师做好整理工作起着承上启下的作用，包括整理幼儿活动区域、整理玩具柜及桌椅、整理玩教具及活动材料、整理次日用品准备等。

特别强调：

若遇代接幼儿时，须联系家长得到确认，并签字后方可接走幼儿；若遇家长迟接幼儿时，不得将幼儿放于保安室；慎重对待有特殊家庭背景的幼儿离园；如果在疫情下，幼儿园实行封闭管理，家长不进园，错峰分时接幼儿。

三、保育教师

（1）创设幼儿离园条件：幼儿晚餐后，保育教师需尽快收拾晚餐后的餐具、桌子；尽快将教室地面清洁干净，便于幼儿有更大空间进行离园前活动，并确保各种活动的安全开展。

（2）关注幼儿如厕：幼儿离园前的心情往往都会比较着急，所以在组织如厕环节时更要关注到每个幼儿的情况，维护好幼儿如厕秩序，随时清理地面积水，避免意外的发生。

（3）照顾幼儿盥洗：离园前幼儿盥洗时，保育教师需帮助小龄幼儿挽袖子洗干净小手，并帮助他们秋冬季涂抹护手霜；指导并监督大龄幼儿按七步洗手法规范有效洗手，并学会秋冬季自己涂抹护手霜。

（4）整理幼儿物品：幼儿离园前，保育教师仔细整理幼儿物品是很重要的一项工作，需帮助小班以下幼儿整理衣物，指导中大班幼儿自己有序整理带回家的衣物。

（5）协助教师给幼儿晚检：协助班级教师给幼儿进行晚检，观察精神状况及监测是否发烧，一旦发现有身体不适的幼儿，立即报告保健医，采取必要的措施。

（6）检查幼儿着装：幼儿离园前，保育教师需认真检查幼儿衣服穿着是否整齐，天冷时，是否将秋衣掖在裤子里；鞋子是否穿正、鞋带是否系好；袖口有没有湿的情况，以及有没有拉、尿裤子现象等，如衣服未整理好，要及时调整，如有袖口湿及拉、尿裤子现象，须立即清洗更换。

（7）向家长反馈特殊儿情况：家长来接幼儿时，保育教师需反馈家长所交代的事宜，及被关注幼儿的用药、喝水、吃饭、午睡、活动等状况。

（8）离园后的清洁消毒：幼儿离园后，保育教师要完成清洁与消毒。

清洁：卫生间及活动室内外的环境卫生；

消毒：毛巾、水杯、玩具、空气、清洁工具、卫生间等。

特别强调：

若遇代接幼儿时，须联系家长得到确认，并签字后方可接走幼儿；若遇家长迟接幼儿时，不得将幼儿放于保安室；慎重对待有特殊家庭背景的幼儿离园；如果在疫情下，切记84消毒液配比浓度不同，消毒频率不同，消毒力度不同。

四、园长

（一）巡视离园准备工作

（1）巡视园所离园准备：幼儿离园前，园长需定期检查或抽查园内园外环境的安全；检查保安员的工作状态，确保严把离园环节的绝对安全；通过检查及时发现问题，及时排除安全隐患。

（2）巡视班级离园准备：幼儿离园前，园长需检查班级离园前活动组织是否有序，是否给幼儿进行了晚检，且是否检查了幼儿的穿着和仪表，确保幼儿干干净净、开开心心地回家。

（二）热情迎接家长

幼儿离园前，园长需带领行政人员在幼儿园大门内，维护家长来园接幼儿的安全秩序，园长还需解答家长所提的问题，以及解决突发事件，保证离园环节的顺利。

（三）巡查离园环节的安全秩序

幼儿离园过程中，园长需不断地巡视检查，包括：保安员是否遵守离园时间，园所内外环境是否安全，坐校车幼儿是否安全乘车，离园时行政人员值班是否到位；离园后是否有家长带幼儿在园逗留现象。

（四）巡查离园环节与家长的沟通

幼儿离园过程中，园长需不断地巡视不同岗位人员与家长沟通交流的情况，包括：全员各岗位人员见到家长是否微笑地打招呼，保健医是否热情解答家长问题，班级教师是否与家长有效沟通，保育教师是否耐心向家长反馈幼儿情况。

特别强调：

检查有记录，检查有反馈，检查有指导，检查有措施。

总之，幼儿园离园环节，是一项繁杂又细致的工作。离园活动是一日活动中不可缺少的重要组成部分，它蕴含着丰富的教育价值，教师要本着一日活动皆课程的理念，充分挖掘内涵，组织和优化好离园活动，让幼儿高高兴兴地来园，开开心心地离园。

幼儿园班级消毒规范化操作

幼儿离园后，班级消毒规范化操作流程主要包括以下几个方面：

（一）清洗消毒幼儿毛巾

幼儿毛巾须专巾专用，最好准备两套毛巾轮流使用，每天清洗消毒一次。清洗消毒方法：使用专用消毒盆，先用洗涤灵浸泡搓洗，然后用热水烫，清水洗净后，悬挂晾晒，或放于专用消毒柜中进行消毒。

（二）清洗消毒幼儿水杯

幼儿水杯专人专用，最好准备两套水杯轮流使用，每天清洗消毒一次；水杯清洗消毒方法：使用专用消毒盆，用洗涤灵清洗后冲洗干净，放入专用消毒柜消毒；用水杯喝牛奶、豆浆以及喝过药的水杯须清洗干净，消毒后再使用。

（三）清洗消毒幼儿玩具

每天对幼儿在户外玩沙子的玩具要清洗干净，对于班级的玩具常态下用含有效氯浓度为250mg/L的消毒液浸泡30分钟，再用清水冲净、风干，电子玩具用75%乙醇擦拭表面，每周一次，疫情下每天消毒。

（四）清洗消毒卫生间

用消毒液擦拭地面、水龙头、门、马桶座板和按钮，作用30分钟后，用清水擦净。小便池、马桶用含有效氯浓度为500mg/L消毒液消毒。

（五）清洗消毒班级地面

每天使用含有效氯浓度为500mg/L消毒液对地面擦拭，作用30分钟后，再用清水拖净。

（六）清洗消毒班级清洁工具

幼儿离园后，保育教师需将使用的拖把、扫把、抹布等清洁工具进行清洗与消毒；使用含氯消毒剂（有效氯浓度500mg/L），浸泡消毒30分钟后，用清水冲净，悬挂晾晒，不得堆放在一起。

（七）班级空气消毒

（1）紫外线消毒灯的消毒方法：室内空气消毒采用悬吊式或移动式紫外线灯消毒即可，照射时间为60分钟。

（2）紫外线消毒灯的使用规定：紫外线消毒灯须在室内无人的情况下使用；开紫外线消毒灯前须认真检查门窗是否关好、室内绿植是否搬出；紫外线消毒灯须有专人负责，保证设备安全及有效使用；紫外线消毒灯每次使用后，按倒计时方法做好记录；每月用75%的酒精棉擦拭灯管表面一次，除去上面的灰尘和污垢，减少其对紫外线穿透力的影响。

（八）做好消毒记录

每天幼儿离园后，保育教师完成各项清洁消毒工作后，还要做好详细的消毒记录，最后，关窗、断电、锁门、倒垃圾，圆满结束一天的工作。

总之，幼儿园环境的安全，可有效保证幼儿的健康。常态下保证幼儿园的卫生质量达标，规范消毒以及卫生消毒制度的落实；疫情下加强卫生消毒的力度、广度与深度，对幼儿的健康成长都具有极其重要的意义。

幼儿园紫外线消毒规范化操作

幼儿园紫外线消毒安全使用操作流程主要包括以下几个方面：

（一）安装紫外线消毒灯要求

幼儿园所有房间紫外线消毒灯的开关须单独设置在室外，并采取防误开措施，与照明灯开关保持一定距离，不允许将紫外线消毒灯开关与照明灯开关并列排放。紫外线消毒灯开关设置要离地2m以上，并加开关盒盖，在盒盖上要贴上醒目的警告标志，坚决杜绝将紫外线消毒灯作为照明灯使用。

（二）紫外线消毒在无人条件下进行

保育教师在进行紫外线消毒前，需确认房间内无幼儿与成人，关上门窗，将绿植搬出室内，紫外线消毒期间禁止人员进入。避免紫外线对人体及植物的伤害。

（三）检查紫外线消毒灯是否完好

保育教师在开启紫外线消毒灯之前，须认真检查，确保设备完好。

（四）需消毒物品摊开挂起

使用紫外线消毒灯消毒班级物品时，要让消毒对象充分暴露于紫外线照射下，并达到足够的照射剂量。比如将图书、毛绒玩具、被褥等物品摊开或挂起，充分扩大照射面，以达到良好的消毒效果。

（五）消毒前室内保持干燥

使用紫外线消毒灯消毒时，被消毒的房间应保持清洁、干燥，空气中不能有灰尘和水雾等；适宜的温度范围为20—40℃，相对湿度≤60%。超出此范围应多延长消毒时间；如果刚刚擦洗完地面，需待地面干燥后再进行消毒。

（六）紫外线消毒时间

常态下，幼儿园紫外线消毒需每周一次，每次不少于40分钟；疫情下，幼儿园紫外线消毒需每天进行，每次不少于40分钟。

（七）紫外线消毒灯关闭

幼儿园使用紫外线消毒灯进行空气消毒的时间，一般都安排在幼儿离园后，下班前当开启紫外线消毒灯后，保育教师须告知保安员关闭的时间，并做好登记，由当班保安员负责关闭。

（八）紫外线消毒记录

保健医须安排保育教师每次使用消毒灯后，做好记录，记录清楚消毒日期、使用人姓名、消毒时间、累计消毒时间等。保健医须做好该项工作的监督检查。

（九）紫外线消毒后

幼儿园班级进行紫外线消毒后，教师上班进教室时，先打开门窗，通风换气后，幼儿才可进入。

特别强调：

幼儿园须选购质量合格、安全可靠的紫外线消毒灯，保留好并认真学习使用说明书，所有操作人均掌握其使用方法；紫外线消毒灯的使用人，需每两周用75%的酒精棉擦拭灯管表面，除去上面的灰尘和污垢，减少其对紫外线穿透力的影响。清洁时，切断电源，忌用汽油等有机溶液擦拭；紫外线消毒，有专人负责，专项培训，保证设备安全及有效使用；加强对紫外线消毒灯的管理，应建立紫外线消毒灯使用登记本，记录每支紫外线灯管的开始使用日期、累计消毒时间、责任人等。

总之，建立健全幼儿园消毒制度，把紫外线消毒工作做到位、做到实处，才能确保幼儿的身体健康、茁壮成长。所以说，幼儿园消毒工作是幼儿健康的保护伞。

因此，幼儿园建立健全幼儿园消毒制度，规范做好紫外线消毒工作，才能确保幼儿在园的绝对安全，才能保证幼儿身体健康、茁壮成长。

幼儿园食堂食品安全监督规范化操作

幼儿食品安全是幼儿园的大事，始终牵着园长、老师、家长的心，尤其是在疫情这场没有硝烟的战役中，确保幼儿园的食品安全更要做好六个加强。

（1）加强厨房人员检测力度。

（2）加强食品采购索证力度。

（3）加强食品验收力度。

（4）加强食品库房管理力度。

（5）加强餐用具消毒力度。

（6）加强食品加工操作规范力度。

在确保管理力度的基础上，幼儿园还需确定保健医为食品安全监督人，并明确其保健医的监督检查职责，从幼儿园食品安全监督检查流程图中可以看出，保健医监督检查包括了四个方面。

（1）检查按时提供餐点。

（2）检查饭菜烹调技术。

（3）检查卫生清洁消毒。

（4）检查食品安全制度落实。

一、保健医检查按时提供餐点的流程

包括两点：

照食谱按时为幼儿提供餐点。无特殊情况不得随意改变食谱及供餐时间，那什么是特殊情况呢？如果遇到了实在买不到的食品，要事先通知保健医，由保健医来更换食谱。

　　幼儿餐准备好后要做到：夏季凉温，冬季保暖。要求厨房工作人员不仅要掌握好制作饭菜的时间，还要采取一些措施确保夏季凉温，冬季保暖。

二、保健医检查饭菜烹调技术的流程

　　包括四点：

　　（1）检查幼儿的饭菜，是否科学烹调，做到了最大限度地保留蔬菜的营养。

　　（2）检查饭菜烹调制作的过程，看是否严格遵守了操作规程。

　　（3）检查饭菜烹调制作的结果，看是否是色香味俱佳。

　　（4）检查提供的饭菜，是否按幼儿出勤人数供应，做到了够吃少剩。

三、保健医检查卫生清洁消毒的流程

　　包括两点：

　　一是，厨房餐用具清洗消毒的规范。

　　（1）幼儿餐具是否做到了餐餐消毒，是否确保了消毒时间，并做好了消毒记录。

　　（2）厨房用具、生熟容器等使用后，是否及时清洗、消毒。

　　（3）消毒后的餐用具、生熟容器是否放置于固定的地方，并贴有标识。

　　二是，检查厨房操作间及库房环境是否清洁有序。主要分为日常卫生检查以及定期卫生检查两方面。

　　一方面，厨房日常卫生检查包括：地面干净无杂物；操作台、灶台无油腻，无灰尘；水池、灶具洗刷干净，摆放有序；餐具用后及时洗刷干净，进行消毒。

　　另一方面，厨房定期卫生的检查包括：墙面无蛛网、无灰尘；蒸箱、橱架、冰柜表面干净光洁；冰柜，储藏橱定期清理；主副食仓库物品摆放整齐有序。

四、保健医检查食品安全制度落实的流程

　　包括三点：

　　（1）检查食品留样是否规范，留样是否做到了每天每餐每样食品留样、留样符合要求，留样有记录，专用冰箱、专人负责。

（2）检查厨房人员个人卫生是否规范，个人卫生包含了是否做到便后、上灶前洗手，勤剪指甲、勤换工作服、不留长发等。

（3）检查餐用具严格生熟分开使用是否规范，刀具、容器等做好生熟标记，严格分开使用。

总之，食品安全是幼儿园管理的重要部分，只有做到"预防在先，措施到位"，才能真正为幼儿的健康保驾护航。

幼儿园食堂食品验收规范化操作

幼儿园食堂食品验收规范化操作流程主要包括以下几个方面：

（一）食品验收责任人

幼儿园需确定厨师长、保健医为食品验收责任人，并履行其职责，须将幼儿园食品验收制度落到实处。

（二）食品如何验收

幼儿园须制定验收食品的方法及程序，比如，须在送货人或采购人在场的情况下，厨师长、保健医对所有食品进行查验，不得有遗漏，更不得马虎、敷衍了事。

（三）验食品货单

厨师长、保健医进行验收时，首先索取发票、盖章签字的食品供货单，查验供货单与订货单的内容是否一致，品种和数量是否相符，需保证供货单与订货单的内容一致，品种和数量相符。

（四）验蛋类、蔬菜、水果品质

验收蛋类、蔬菜、水果品质时，通过视觉、触觉及嗅觉查验蛋类、蔬菜、水果品质是否新鲜，如遇不新鲜、品质欠佳的食品，要求供应商立即更换。

（五）验肉类质量

查验肉类质量时，包括部位、来源、检疫，以及是否注水、是否新鲜等，并收取《肉品品质检验合格证》留存备查。

（六）验定型包装食品

验收定型包装食品时，包括包装的完整密封，产品说明书或商品标志、标出品名、产品、厂址、生产日期、保质期等，食用油、面粉、酱油等还需查验品牌是否相符。

（七）验食品重量

验收人员在验收过程中，需按照货单上所标注的重量，对所有食品进行称重，如遇缺斤少两的情况，要求供应商及时补货。

（八）食品验收无误

在对所有食品全部验收无误后，送货人、厨师长和保健医需分别在验收单上签字，结束验收工作。

（九）验收合格食品方可入库

验收合格的食品方可办理入库手续，登记台账，入库后的食品分类放置，标记明显，妥善管理。

注意事项：

幼儿园食品验收工作需专人负责，把食品验收制度落实到位；幼儿园食品验收的人员要坚守验收原则，严禁供应商提供"三无"产品及以次充好的现象发生；验收人员应把握市场行情，对蔬菜、水果季节性变化较大的食品进行价格审核。

总之，幼儿饮食安全问题不仅仅是幼儿园工作的重中之重，更是幼儿园规范化管理的课题，幼儿饮食安全决定着幼儿的身体状况与成长，所以必须把好食品验收关，严防死守，确保幼儿饮食安全、科学、健康。

幼儿园食堂食品粗加工规范化操作

幼儿园厨房食品粗加工操作流程图的实质性节点分为三个方面，包括幼儿园食品验收流程、厨房择洗菜流程、厨房切配菜流程。

一、幼儿园食品验收流程

需做到以下四点：

（1）验收人，明确厨师长及保健医为食品验收人，园长负责抽查。

（2）验收制度，验收人员要严格执行食品验收制度，不轻视、不敷衍。

（3）验收程序，对照验收单，一验斤，出现缺斤少两的情况立即联系供应商补齐；二检质，若出现质量问题须立即更换并给予警告，必要时更换供应商。

（4）验收记录，验收人员验收后需在验收单上签字、留档备查。

二、厨房择洗菜流程

需做到以下五点：

（1）择菜、洗菜工序须在粗加工间进行，不得与其他各操作间混用。

（2）蔬菜按先择后洗顺序。做到无泥沙、无杂草，变质、干、黄叶的蔬菜不得食用。易造成农药残留的蔬菜（如韭菜）须浸泡清洁，浸泡时间应在30分钟以上，然后冲洗干净。

（3）清洗蔬菜和肉类、海鲜产品的水池须专用，不得混用。盛装蔬菜和肉类的工具、容器冲洗干净并消毒，生熟须分开使用。

（4）肉类加工后无血、无毛、无污物，水产无鳞、无鳃、无内脏，做到绝对清洁。

（5）蔬菜清洗干净后，需放在固定筐中沥水。

如图2-1所示：

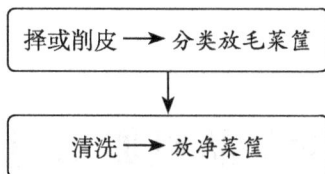

图2-2

重点强调：

流程图中涂红色字体的部分，强调的是择完的蔬菜，或去完皮的蔬菜应分类放入毛菜筐，按顺序操作：择菜→清洗→削皮→再清洗，清洗干净的蔬菜，需放在固定筐中沥水，蔬菜和菜筐不允许落地。

三、厨房切配菜流程

需做到以下五点：

（1）切配时检查蔬菜清洗程度及质量，发现有未净或不符合质量要求的不切配。

（2）蔬菜择除不可食用的部分，需用专用案板、专用刀具切割后装入专用容器备用。

（3）所切待烹饪的食品，其块的大小、薄厚、粗细、宽窄等须符合幼儿年龄特点。切配好的食品应按照加工操作规程，在规定时间内使用。

（4）切配好的半成品应避免污染，与原料分开存放，并根据性质分类存放。已盛装食品的容器不得直接置于地上。

（5）粗加工所用的刀、墩、案板、洗涤池、盆、盘等用具、容器用后及时洗刷干净，定位存放，定时消毒，毛菜、净菜专筐存放。

另外，粗加工的废弃物要及时收集，放在坚固、带盖、不透水材料制作的垃圾容器内，垃圾容器外观清洁，垃圾存放不积压、不暴露，做到日产日清。

幼儿园食堂食品生进熟出规范化操作

幼儿园厨房食品生进熟出操作流程图的实质性节点分为四个方面，包括食品进货验收流程、蔬菜的择洗泡切流程、炒菜流程、备餐流程。

一、食品进货及验收流程

需做到以下五点：

（1）幼儿园按《食品安全法》的规定，购买一切食品均到正规的食品采购场所，并向食品供应商索取"营业执照""卫生许可证""质量报告书或检验报告单""动物检疫合格证"等。

（2）禁止采购腐烂变质、超期、标识不合格等不符合国家标准的原料和食品。

（3）禁止采购未经卫生检疫或检疫不合格的肉类及其制品。

（4）包装食品和食品添加剂必须有产品说明书或商品标志，标出品名、厂址、生产日期、保质期等内容。禁止"三无"产品。

（5）验收人员要严格执行食品验收制度。

二、蔬菜择洗泡切流程

需做好以下四个方面：

（1）择：在择菜的过程中，去除杂质，保证无泥沙、无杂草，变质、干、黄叶的蔬菜不得食用。

（2）洗：清洗蔬菜要使用专用洗菜盆，遇需削皮的蔬菜，按照先清洗，再削皮，然后清洗的顺序，蔬菜洗净后，放在固定筐中沥水。

（3）泡：易造成农药残留的蔬菜（如韭菜）须浸泡清洁，浸泡时间应在30分钟以上，然后冲洗干净。洗净的蔬菜和菜筐放置于货架上，不得落地。

（4）切：蔬菜择除不可食用的部分，用专用案板、专用刀具切割后装入专用容器。切配好的半成品应避免污染，与原料分开存放，并根据性质分类存放。另外，所切食品其块的大小、薄厚、粗细、宽窄等必须符合幼儿年龄特点。

如图2-2所示：

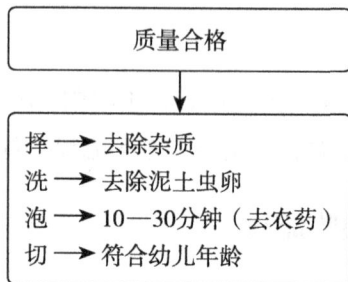

图2-3

特别强调：

给幼儿切菜无论切丁、切片、切段都需小一些，这是因为孩子年龄小咀嚼能力差，切的块小更便于他们咀嚼和消化。如果能做到托小班比中大班更小点就更好了。根据幼儿年龄制作食品，可成为幼儿园招生的一大优势、一个与众不同之处。

三、炒菜流程

需做好以下四点：

（1）给幼儿烹制的食品必须符合食品卫生操作要求，需要事先用水浸泡，先焯后炒的食品须按顺序进行。

（2）进入烹调间的食品必须洗净，盛装食品的容器须放在指定的台案上。

（3）严禁回锅烧隔顿、隔夜、外购的食品，烧煮及蒸箱的食品充分加热，做到烧熟、烧透，色香味俱全。

（4）菜炒完后，务必做好食品留样。

如图2-3所示：

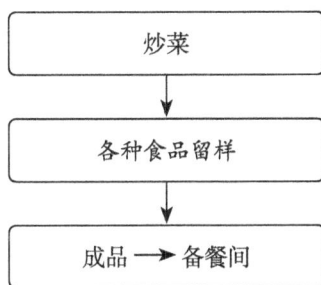

图2-4

重点强调：

（1）图2-3中强调的是食品留样要做到每天每餐每种食品都要留样，重量为250g，分别放入留样盒内加盖，并上标签标明留样日期、餐次、菜名、留样人。储存于专用冰箱，做好记录。保留48小时后方可倒掉，再将容器清洗消毒。

（2）保健医须负责对留样食品的经常性检查，并做好检查记录。

四、备餐流程

需做好以下两点：

（1）备餐间内需安装紫外线消毒灯，备餐前30分钟进行消毒，并做好消毒记录。

（2）厨房人员进入备餐间前要进行二次更衣，再次洗手方可进入。

制作好的食品应及时放入备餐间，备餐与取餐的间隔时间不宜过长，还要注意冬季保暖、夏季降温。

幼儿园食堂备餐分餐规范化操作

幼儿园食堂备餐分餐规范化操作流程主要包括以下几个方面：

（一）备餐分餐间标准与要求

幼儿园都应具有备餐分餐间，备餐分餐间内需安装紫外线消毒灯，距离地面2m以内。

（二）备餐分餐间标准配置

幼儿园的备餐分餐间，应具备紫外线消毒灯、空调、分餐台（根据园所幼儿数量来确定分餐台数量）、洗手池、留样冰箱。

（三）备餐分餐间消毒

幼儿园无论是三餐还是两餐，均需在每餐分餐前对备餐分餐间进行紫外线消毒，照射时间为30分钟消毒，并做好消毒记录（记录消毒日期、开灯时间、闭灯时间及消毒人员签字）；紫外线消毒灯需每月用75%的酒精棉擦拭灯管表面，除去上面的灰尘和污垢，减少其对紫外线穿透力的影响。

（四）备餐间餐用具消毒

所有进入备餐间的餐具、盛器、工具（铲子、勺子、夹子）等一定是消过毒的。不得用抹布擦拭餐具，禁止使用未消毒餐具。避免操作时食品受到污染。

（五）分餐前准备

分餐人员进入分餐间前需进行二次更衣、清洗消毒双手，戴帽子、手套、口罩（鼻子、嘴巴不得露出来），离开再次返回时需重新清洗消毒双手，避免操作时食品受到污染；非操作人员不得进入备餐分餐间，也不得在备餐分餐间从事与分餐无关的活动。

（六）分餐前质检

分餐人员在分餐前首先检查饭菜质量，发现有感官性状异常的情况，立即停止分餐，并及时上报保健医，及时采取妥当措施。

（七）分餐规则

厨房人员需坚持幼儿食品"冬暖夏温"的原则；幼儿饭菜汤温度适宜时，按班级、幼儿出勤人数分餐，分好的幼儿餐应尽快取到班级，不得在备餐分餐间长时间存放，所有盛装饭菜汤的容器加盖或保鲜膜，避免污染。

（八）分餐后餐具消毒

分餐所使用的餐具、盛器、工具（铲子、勺子、夹子）等均需及时清洁消毒，并做到每餐清洗消毒；餐具沥干水后，将洗涤好的餐具放入消毒柜内进行消毒，温度保持在120—125℃，消毒时间不得少于15分钟；消毒后的餐具不得用毛巾、餐巾擦干。

（九）分餐结束后

每餐分餐结束后，立即做好分餐台面、地面、墙面、分餐窗口等处的清洁卫生；做到备餐分餐间的餐台无油腻、无浮尘，玻璃明亮，环境整洁。

注意事项：

备餐分餐间由专人负责，非分餐人员不得进入；备餐分餐间内不得存放任何杂物，及私人物品；班级教师不得进入备餐分餐间，所有餐具及食物均从取餐口领取；保健医需对厨房人员进行专项培训及检查备餐分餐规范化操作。

总之，幼儿园幼儿的食品安全始终牵动着园长、家长、教师们的心，只有一丝不苟、不折不扣地执行食品安全制度，把好食品安全的每一个细节，才能为幼儿筑起一道道安全屏障。

幼儿园食堂食品留样规范化操作

幼儿园食堂食品留样规范化操作流程主要包括以下几个方面：

（一）食品如何留样

食品留样是幼儿园确保幼儿食品安全的重要工作之一，厨房须做到每天每餐每样食品均须留样，留样负责人须掌握食品留样的操作方法与流程，认真做好食品留样工作。

（二）食品留样前准备

幼儿园须做好食品留样的充分准备，保证食品留样操作规范，包括如下各项：备好专用（带锁）留样冰箱；备好消毒后的留样盒；确定食品留样负责人；备好食品留样登记簿；备好食品留样标签；保健医作为食品留样监督检查人。首先，要对厨房工作人员进行专项培训，其次，还要对食品留样工作进行经常性的检查，并做好记录。

（三）食品留样重量

幼儿园每天每餐每种食品留样量应满足检验需要，不少于125g，各地区幼儿园可遵照当地卫生防疫部门规定来执行。

（四）食品留样规范

留样的食品须自然冷却。食品未充分凉透，突然进入低温环境中，食物中心容易发生质变。食物带入的热气引起水蒸气凝集，冰箱里温度会升高，能促使霉菌生长；食品留样负责人，在留样前，须洗净双手，将自然冷却后的食品，分别放入清洗消毒后的留样盒内、加盖，并贴标签，标明留样日期、品名、餐次、留样人等。

（五）食品留样时间

幼儿园的留样食品需在冰箱冷藏条件下，存放48小时，不得冷冻保存。

（六）食品留样储存

幼儿园留样冰箱要专用，温度控制在4℃以下；留样置放、相互间有一定距离，不叠放，避免留样食品相互间受感染；冰箱要清洁无异味，严禁存放与留样食品无关的其他食品；冰箱需上锁、做到双锁双管。

（七）食品留样登记

幼儿园食品留样负责人，需每天对留样情况进行详细登记，并签字。登记作为历史记录，以备后查所用，很重要不可忽视。

（八）食品留样善后

幼儿园食品留样在冰箱储存48小时后，方可倒掉；及时对留样容器进行清洗消毒后方可再使用；严禁发生容器未清洗、消毒直接使用的现象，避免交叉污染。

注意事项：

留样食品一定是按当日食谱制作的饭菜样品，不得特殊制作；食品留样倒掉后须清洗消毒留样容器，严禁直接使用；留样的食品需冷却，热菜进冰箱，会提高冰箱内的温度，还会加速留样菜肴的腐败变质，达不到预期的效果；保健医对留样食品进行经常性检查，并做好检查记录，以备查验。

总之，幼儿园安全无小事，幼儿食品安全更是重中之重，只有切实把责任落实到每个岗位，扎实做好食品安全管理的每个环节，严把幼儿食品留样关，才能确保筑起幼儿食品安全的防护墙！

幼儿园食堂餐用具消毒规范化操作

幼儿园厨房餐用具清洗消毒操作流程图的实质性节点分为三个方面，包括厨房清洗消毒程序的流程、厨房物理消毒的流程、厨房餐用具消毒后的流程。

一、厨房清洗消毒程序的流程

按照操作规范及卫生要求，严格按照"一洗、二冲、三消毒、四保洁"的程序进行清洗消毒。做好以下五步：

第一步：用温水洗去食物残渣（水温以50—60℃为宜）。

第二步：温水清洗，去除残留油脂等（水温以30℃左右为宜）。

第三步：用清水彻底冲洗干净餐具上残留的洗涤剂。

第四步：将清洗干净的餐具，放置于消毒柜中进行消毒或采取其他方式进行消毒。

第五步：将消毒后的餐具、容器、用具等，放置于消毒柜中或移入保洁设施内备用，以防止再污染。

二、厨房物理消毒的流程

需做好三个方面：

第一，餐具用品须按照《食品安全国家标准食品接触材料及制品通用安全要求》进行高温消毒。

第二，了解热力消毒。包括煮沸、蒸汽、红外线消毒。

第三，掌握消毒保持的温度及作用的时间。包括：

（1）煮沸、蒸汽消毒保持100℃，作用10—20分钟。

（2）红外线消毒一般温度控制在120℃，作用30分钟以内。

（3）洗碗机消毒一般水温控制在85℃，冲洗消毒40秒以上。

三、厨房餐用具消毒后的流程

需做到以下五点：

（1）消毒后的餐用具应光洁明亮，自然滤干，不应再用抹布擦拭，避免二次污染。

（2）经消毒后的餐用具应放置于专用消毒柜或餐具保洁柜内存放备用。

（3）消毒后洗消间水池及地面做到池光地净。

（4）洗消间的垃圾倾倒干净，盛装垃圾的容器做好清洗消毒。

（5）做好餐用具的消毒记录，以备后查。

特别强调：

洗消间所使用的洗涤剂应符合卫生标准。洗涤剂须有固定的存放地方，并做明显的标记。

幼儿园食堂食品库房管理规范化操作

幼儿园食品库管理操作流程图的实质性节点分为三个方面，包括：幼儿园食品库管理流程，幼儿园食品入库流程，幼儿园食品出库流程。

一、幼儿园食品库管理流程

包括以下五点：

（1）食品库实行双人双锁管理。食品库内做到通风良好，货架隔墙、离地、清洁整齐。

（2）食品库需专用，有条件的可分为主副食库，如果条件有限则主副食分架摆放，成人与幼儿的分架摆放，有包装的保证包装完整，无包装的食品用后及时封袋。

（3）食品库内物品要分类分架存放，保证库存食品标签完整，有食品名称、进货日期、保质期等。

（4）食品库需设有"退货区"，将不合格食品放置在退货区，避免与合格食品混淆。

（5）食品库内不允许存放私人用品，不得存放与食品无关的物品和有毒有害物品及杂物。并设有防鼠设施。

二、幼儿园食品入库流程

包括以下三点：

（1）验收合格的食品，须填写"食品入库记录表"并进行登记，入库账目清楚。

（2）对验收不符合食品卫生要求的各种食物拒收入库。

（3）验收后的食品入库分类放置，有明显标记，库存不宜过多，做到贮藏管理不积压，不浪费。

三、幼儿园食品出库流程

包括以下四点：

（1）储存的食品应标明进货日期，出库食品应遵循"先进先出"的原则。

（2）出库食品，应检查食品质量，如有过期食品或变质食品，不得继续使用。

（3）出库食品需按当日带量食谱明细出库，并填写"食品出库记录表"，出库账目清楚。

每月底厨师长和保健医共同进行各种食品盘点，并填写"食品库盘库记录表"，根据盘点后本月底的结余数量，制订下月的采购计划。

幼儿园食堂厨余垃圾处置规范化操作

幼儿园食堂厨余垃圾处置规范化操作流程主要包括以下几个方面：

（一）厨余垃圾容器符合要求

幼儿园在选择收集厨余垃圾的容器时，需以坚固及不透水的材料制成，配有盖子、耐用、易清洗。

（二）厨余垃圾容器

幼儿园厨余垃圾容器需专用，放置的区域应与加工用容器有明显区分标志，防止有害昆虫的滋生，避免污染食品。

（三）厨余垃圾处置原则

幼儿园厨余垃圾要做到日产日清，不得积攒多了集中处理；幼儿园厨余垃圾要做到分类管理，食品垃圾与泔水垃圾用不同容器分别盛装；放置的区域不同；处置的方式不同；幼儿园厨余垃圾要做到分别处理，食品垃圾与泔水垃圾的去向不同，不得混淆。

（四）食品类垃圾处理

幼儿园厨余垃圾中的食品原料粗加工产生的垃圾（如菜叶、根须、动物内脏、毛皮等），倒入垃圾桶加上盖子，运往指定垃圾站，由环卫工人转运处置。

（五）泔水类垃圾处理

幼儿园厨余垃圾中的泔水类垃圾（如食物残渣、饭、菜、汤水、锅底、留样处理物等）按规定倒入专用泔水桶，回收给合作养殖户；泔水类垃圾按要求应与回收方签订回收协议书，注明泔水类垃圾回收仅限于养殖用，不得另作他用。

（六）厨余垃圾的投放

幼儿园厨余垃圾投放时，应按照分类将生活垃圾与泔水类垃圾分开进行准确投放，防止混放、飞扬和异味产生。

（七）厨余垃圾的倾倒

幼儿园厨余垃圾在倾倒的过程中，需将装有垃圾的垃圾容器推到指定垃圾站将垃圾袋卸下。严禁装满垃圾的袋子在幼儿园地面拖拉。

（八）厨余垃圾容器清洗消毒

幼儿园厨余垃圾倾倒后，需对厨余垃圾容器进行清洗消毒。清洁内容：对每天完工或需要时使用的物品：刷子、清洁剂及消毒剂进行清洁；清洁方法：清除食物残渣及污物，用水冲刷，用清洁剂清洗，用水冲净，再用消毒剂消毒后风干，装上新的垃圾袋。

（九）厨余垃圾放置场所的维护

幼儿园厨余垃圾容器固定位置摆放，每天对该区域进行清扫清洁，防止异味、有害昆虫的滋生、污染食品。

注意事项：

幼儿园厨余垃圾处置需明确专人负责，并履行其管理职责；泔水类垃圾按要求要与回收方签订协议书，注明回收仅限于养殖用，不得另作他用；厨余垃圾需进行无害化处理，严禁直接排入下水道和其他生活垃圾容器。

总之，幼儿园安全无小事，做好食品安全每个环节的管理是关键，严把厨余垃圾处置关，才能确保幼儿在园的食品安全，才能为幼儿创造良好的成长环境！

幼儿园食物中毒规范化操作

幼儿园发生食物中毒处置流程

（一）幼儿发生食物中毒或疑似

在幼儿园如遇有人不停呕吐、腹泻或抽搐、昏迷等中毒症状，发现有食物中毒或疑似现象时，须立即停止食用可疑中毒食物。同时由该班级教师、保育教师或其他在场的教师以最快速度报告。

（二）报告并急救

保健医接到报告后，须第一时间赶赴现场，采用指压咽部等紧急催吐法，帮幼儿尽快排出毒物，情形严重时立即拨打120；园长接到报告后，须立即安排急救，同时向所在地卫生监督所、疾控中心报告。

（三）紧急处理

保健医负责组织协调，将中毒幼儿送往距离幼儿园最近的正规医院救治，并及时通知家长，同时通知厨房及中毒幼儿所在班级，保护好中毒现场，收集和封存一切可疑食品及其原料，禁止转移或销毁。

（四）调查原因

园长指定专人并监督对可疑食物或有毒食物取样封存。留样食物和现场取到样品送防疫部门进行技术鉴定。

（五）如实反映情况

幼儿园与本次中毒有关人员，如厨房人员、班级教师、保育教师及保健医等，应如实反映中毒过程和急救时的症状；将中毒幼儿所吃的食物，进餐总人数，同时进餐而未发病者所吃的食物，中毒的主要特点，可疑食物的来源、质量、存放条件、加工烹调的方法和加热的温度、时间等情况如实向有关部门反映，配合卫生部门调查。

（六）分析原因

相关卫生防疫部门根据现场调查和技术鉴定的情况进行综合分析，确定事故原因，并出检验报告，告知幼儿园。

（七）中毒食物的处理

在已查明确定食物中毒后，须对中毒食物进行如下妥善处理：对中毒食物可采取煮沸15分钟后掩埋或焚烧；液体食品可用漂白粉混合消毒；食品用工具、容器可用1%—2%碱水或漂白粉溶液消毒；中毒者的排泄物可用20%石灰乳或5%的来苏溶液进行消毒。

（八）结论透明、吸取教训

幼儿园发生食物中毒的调查结果，需如实告知家长，及时上报相关部门，不瞒报、不谎报，贯彻执行卫生部门的标准与要求。同时幼儿园务必采取宣传普及、培训教育、制定防控预案等必要措施，坚决杜绝类似事件再发生。

总之，幼儿园预防食物中毒是头等大事，除了教育幼儿懂得病从口入，全园还要强化食品卫生的安全意识，时刻提高警惕，只有把食品安全制度落实到位，全方位的监督检查到位，才能杜绝食物中毒在幼儿园内的发生，才能为幼儿的健康保好驾护好航。

幼儿园家长接送幼儿规范化流程

　　幼儿园开学后，将实行封闭式管理，家长一律不入园。对于人数较多的幼儿园，可以设置接送专区，多条通道，分班次按时段错峰出入措施，防止人员的集聚，确保幼儿健康及幼儿园的安全。

　　开学后，幼儿接送按照错峰、错时的原则，家长需将幼儿送至指定的接送区域，在这种情况下，不同类型的幼儿园有必要梳理清楚家长接送的流程与步骤，这样家长接送的工作才会更顺畅、更安全。

　　开学后，家长接送幼儿流程的实质性节点，包括了三个方面：

　　（1）幼儿入园晨检流程。

　　（2）教师与保健医对幼儿全日健康观察的流程。

　　（3）幼儿离园环节流程。

　　（一）先梳理幼儿入园晨检流程

　　开学后，家长送孩子入园时，不进园区，需陪同幼儿在大门外晨检处进行晨检，班级教师在园内准备接待幼儿，对于来晚错过晨检的幼儿，晨检不能落下，由保安员联系保健医及班级教师到幼儿园大门口给迟到的幼儿晨检，晨检合格后，由班级教师带回班级。晨检是幼儿入园第一关，要想把好这道健康关，保健医晨检至少做到以下四步：

　　第一步：晨检前准备，保健医提前到岗，换好工作服、工作鞋、戴专用口罩、帽子；备好晨检物品，如体温枪、晨检卡、消毒巾、免洗洗手液、晨检记录本和笔等。

　　第二步：晨检过程，先测量体温，后进行"一摸、二看、三问、四查"；晨检中发现身体不适的幼儿不得进园，劝其家长带幼儿回家观察或去医院就医。

第三步：晨检后发卡，晨检合格的幼儿发绿色健康卡，教师带幼儿进班将卡插入晨检袋中；晨检时发现身体稍有不适，需教师关注的幼儿发橙色卡，并告知班级教师多关注这类幼儿。

第四步：晨检记录，晨检后，保健医详细登记当日幼儿晨检情况，重点标注需要关注及需服药幼儿，并提醒班级教师关注该幼儿的精神、喝水、大小便、吃饭、午睡等情况，根据幼儿的身体状况，决定是否让其参加户外活动。晨检合格后，家长在指定位置将幼儿交给班级教师，由班级教师带幼儿进班。

（二）梳理教师与保健医对幼儿全日健康观察的流程

（1）保健医要指导班级教师对幼儿进行午检和晚检，以及幼儿的全日健康观察，观察幼儿的精神、饮食、午睡、大小便等情况，对需要关注的幼儿加强护理。

（2）保健医需每日上下午分别巡视各班级幼儿的身体状况，发现有幼儿身体不适，立即送至保健室观察—诊断—隔离—通知家长—接走幼儿—必要时送往医院。

（三）梳理离园时流程

离园前教师要对幼儿进行晚检，由各班教师按照规定的离园时间分批带出幼儿，家长需在大门口处接走幼儿。各班级教师须确保每位幼儿交至家长手中。

总之，幼儿园必须把保护幼儿的生命和促进幼儿的健康放在工作首位，健全的接送制度，是幼儿园一道至关重要的安全屏障。

幼儿园安全保卫值班规范化操作

幼儿园保安员的形象代表着幼儿园的形象，保安员的行为规范意味着幼儿园的品质，堪称幼儿园的第一窗口，保安员是幼儿园展示给家长的第一张名片。

幼儿园保安员行为规范流程的实质性节点，包括了五个方面：保安员的着装，保安员的仪容，保安员的礼节，保安员的举止，保安员的卫生清洁。

一、保安员的着装，把好上岗规范第一关——着装关

需做到以下四点：

（1）保安员每天上岗前，严格按照保安员着装规定，穿保安员制服，缀钉，佩戴标志、领带、帽徽、肩章、臂章等。

（2）冬季、夏季保安制服不准混穿，不准与便服混穿。须穿配发的制式衬衣、系领带。

（3）保安员制服应干净整洁，不披衣、敞怀、挽袖、卷裤腿、歪戴帽子、穿拖鞋或赤足。

（4）保安员要爱护和妥善保管保安制服和保安员标志。

二、保安员的仪容，把好上岗规范第二关——仪容仪表关

需做到以下两点：

（1）保安员不准留长发、大鬓角和胡须。

（2）保安员不准文身，不准戴首饰。

三、保安员的礼节，把好上岗规范第三关——礼节关

包括以下两方面：

第一，保安员在下列情况和场合要行举手礼。

（1）着装相遇首次来园的家长和客人时。

（2）站岗、执勤、交接班时。

（3）执勤中对纠正违章有明确规定时。

（4）着装参加大会时。

（5）接受上级领导颁奖时。

（6）各种集会活动升旗时。

第二，保安员在下列情况、场合可以不敬礼。

（1）遇见每天接触的家长与员工时。

（2）在监控室、操作室等场合时。

（3）在处置群体性、灾害性事件现场作业时。

（4）参加文体活动和体力劳动时。

四、保安员的举止，把好上岗规范第四关——文明举止关

需做到以下四点：

（1）保安员须姿态端正、精神振作、举止大方、形象良好。

（2）着装外出工作、执勤和出入公共场所时，履行相关规定。

（3）要自觉遵守公共秩序和交通规则，遵守社会公德，自觉维护保安员声誉和形象。

（4）对宗教人士和少数民族要尊重其信仰及风俗习惯。

五、保安员的卫生清洁，把好上岗规范第五关——个人卫生关

需做到以下四点：

（1）床单被褥整洁干净，床下无杂物。

（2）地面清洁、门窗洁净、玻璃明亮。

（3）室内生活用品摆放整齐有序。

（4）保安室与保安宿舍内不得饲养宠物，不得张贴与保安员身份不符、内容不雅图片和贴画等。

由此可见，保安员的形象以及行为规范，代表着幼儿园的形象和品质，所以值得每一位保安员高度重视！

幼儿园安全保卫巡视规范化操作

幼儿园保安员的日常巡视，在任何情况下都是十分必要的，因此，做到加强防范意识、加强执勤力度是最重要的。

一、加强防范意识

需做到以下三点：

（1）保安员要了解新学期幼儿园安全防控预案及联防联控机制。

（2）保安员要熟知新学期安全防范措施及具体工作职责。例如疫情后的开学，幼儿园会实施封闭式管理，家长采取错峰错时接送孩子，保安员要十分清楚家长接送的时间、流程和路径。

（3）保安员要熟记新学期园所主要领导的联系方式、派出所电话及附近周边联防联系人与联系方式等。

二、加强执勤力度

需做到以下三点：

（1）开学后，保安员要熟知幼儿园实行家长错峰错时接送幼儿的新规定，维护好家长接送幼儿的安全秩序。

（2）开学后，保安员要严格执行所有来访者不得进入园区的规定，有任何事情均由保安员如实转达给相关人员，如果遇上级相关部门人员来园检查工作，做到"一问、二报、三消毒、四测温、五登记"后，才可以进园。

（3）开学后，保安员要加强幼儿园内外的巡逻范围，增加白天及夜间的巡逻频次，保持高度警惕性，坚持巡逻的三个要素。

①耳听：听异常声音。（包括水流声、撬锁声、脚步声、呼救声等）

②眼观：观察周围情况。（包括人员活动、公共设施、设备运行、消防设施、门锁情况等）

③鼻嗅：闻异常味道。（包括焦味、血腥味、煤气味、油漆味、汽油味等）

在加强了防范意识及执勤力度的基础上，才能真正地按照保安员日常巡视的流程做好日常巡视工作。

从保安员日常巡视流程图中可看到，除了在巡视前要做好准备外，重要的节点包括两个方面：

（1）保安员须把握好巡视的时间，熟知巡视区域的重点巡视点。熟悉巡视区域的环境、道路、电器设备和消防设施的位置、使用等情况。

（2）在巡视的过程中，保安员一旦发现问题知道如何及时处理，清楚在什么情况下需要先处理再报告，什么情况下需要先报告再处理，什么情况下还要保护好现场。

三、认真做好交接班及当班记录

对当班中巡查的重要部位状态和发现的问题、处理的结果和汇报的情况，都要书写清楚，明确交班。

幼儿园安全保卫遇突发事件规范化操作

"预防在先，警惕在前"对于幼儿园的安全管理，要从制定各种安全应急预案，梳理各种遇突发事件的处理流程开始，这样才能做到未雨绸缪、防微杜渐、防患于未然。

保安员遇火警的处理流程的实质性节点，包含三个部分：

（1）保安员遇火警报警流程。

（2）保安员遇火警报告流程。

（3）火灾后，保安员善后流程。

一、保安员遇火警报警流程

（一）使用正确的报警方法

（1）拨打119。

（2）报告报警人姓名、地址、幼儿园名称、联系电话。

（3）报告失火的准确地理位置。

（4）详细描述失火情况。如起火时间、燃烧的特征、火势大小、有无被困人员、有无重要物品、失火周围有何重要建筑，以及消防车如何方便地进入火灾现场等。

（二）掌握扑救初期火灾的程序

（1）在消防指挥人员尚未到达时，就近利用消防水源和灭火器材迅速扑救火灾，防止火势蔓延。

（2）如发现有人员被火势围困，应先救人，后救火；如发现有易燃易爆危险物品受到火势威胁时，应迅速组织人员将易燃易爆物品转移到安全地点。

（3）在消防队到达火场后，应听从消防部门指挥人员的指挥，配合灭火工作。

（4）火灾扑灭后，保安员保护现场、做好善后。

二、保安员遇火警报告园长后的处理流程

（1）园长接到保安员报警后，立即赶赴火灾现场。

（2）组织各部门协助各班级按既定疏散路径疏散，集合于安全地点，班级教师清点人数、保健医抚慰幼儿的情绪。

（3）安全员视情况切断着火部位或全园的电源，立即查找着火原因。

（4）指定专人检查每个房间，确定各房间没有被遗漏的幼儿和人员。

（5）门卫值班人员应在火灾事故期间，严格控制出入人员。

三、火灾扑灭后保安员的善后工作

（1）火灾扑灭后，保安员应保护好火灾现场，要全面检查消灭遗留火种。

（2）火灾原因调查组由安全领导小组承担，保安员全力协助，并做到保护现场、检查现场、认真调查访问。

（3）安全领导小组写出调查报告，即经过综合分析认定，把确定的火灾原因、火灾责任和应吸取的教训，写成火灾事故调查报告并存档。

幼儿园安全保卫静园巡查规范化操作

对于幼儿园来说"安全大于天，责任重于山"，没有比细微处入手、安全防控全覆盖，防患于未然再重要的了。保安员的静园巡查也是不可忽视的环节。

静园巡查的区域及内容如下：

巡查是在离园后，保安员两班交班前由双岗人巡查，巡查是从里到外的巡查，至少包括五个方面。

（1）先从班级的活动室、寝室、各功能教室开始，巡视各房间照明灯是否关闭、门是否锁好，必要时，按时间节点关闭班级的紫外线消毒灯。

（2）巡视楼道、楼梯、公共卫生间，主要检查公共区域的照明灯及门窗是否关闭，消防指示灯是否完好，卫生间有没有流水的声音，以防漏水现象。

（3）巡视办公区域，主要检查照明灯及门窗是否关闭，电脑、饮水机是否关闭电源。

（4）巡视厨房，主要检查照明灯、燃气是否关闭，厨房门及食品库房门是否锁好，厨余垃圾是否做到了日产日清。

（5）巡视操场、围栏内外，主要检查是否存在安全隐患以及是否有违规现象。

以上保安员每天所巡查的方方面面，都要有详细记录，如遇特殊情况要及时地妥善处理，处理不了的要及时报告园长。

幼儿园安全教育培训知识

安全教育是幼儿园最重要的常规工作之一。对幼儿园来说，不允许有重大伤害事故发生，比如大骨折、大外伤（有后遗症）、Ⅲ度烧烫伤等。一般的责任事故也不能出现。实际上幼儿园事故的发生率是很低的，但一旦发生了，对家长就是百分之百的无法交代。虽然妈妈自己带孩子活动时也会发生意外，但在幼儿园，即便是宝宝受了很微小的轻伤，都会成为妈妈觉得伤心、老师觉得棘手的事情。虽然谁都不愿遇到这个问题，但是一般的碰伤、摔伤等（对宝宝的身体造成的伤害不是很严重的事故），在幼儿园里还是时有发生。最好的老师可以保证教学几十年从没有被家长投诉，但不敢保证几十年的教学中她所教的孩子没有不被磕碰的。

一、造成意外事故的原因

造成意外事故的原因大致分为以下几种。

（一）幼儿年龄小，容易出意外

3—6岁的幼儿身心处于明显的未成熟阶段，身体各部分的器官比较娇嫩，神经系统比较脆弱，运动水平比较低，动作的协调性差，识别危险和自我保护能力差，加上活泼、好动、好奇，而大脑对身体动作的变化又不能及时作出相应的反应；由于缺乏生活经验，幼儿对自己行为产生的后果又无法预见，所以极易发生安全问题。比如，幼儿在奔跑时，遇到其他幼儿迎面跑来却不知躲闪；再如，有的幼儿在玩跷跷板时，不顾跷跷板另一端的小朋友，自己突然走开；等等。都是幼儿不知自己的行为可能出现什么后果的表现。此外幼儿好奇心强，对周围事物感兴趣，他们东跑西窜，样样事都想试探、触摸，但由于动作不稳，又缺少生活经验，他们不知什么是安全，什么是危险，因此很容易发生意外事故。

（二）幼儿园制度不严，管理不善

有些幼儿园的安全事件是由于幼儿园管理制度不健全造成的。比如，门卫管理不当，责任心不强，幼儿趁门卫不注意，溜出幼儿园而走失。再如，食堂不卫生或者食物不符合标准而导致幼儿食物中毒。

（三）幼儿园设施存在着不安全的隐患

《幼儿园管理条例》规定："幼儿园的园舍和设施有可能发生危险时，举办幼儿园的单位或个人应当采取措施，排除险情，防止事故发生。"这对幼儿园加强设备的管理和维修提出了明确的要求。有些幼儿园的建筑不规范，台阶过高或栏杆过低，楼梯过窄，极易发生安全问题。有些幼儿园的大型玩具是铁制的，幼儿在活动时稍有不慎就有可能碰伤。有的幼儿园把玩具安置在比较硬的地面上，孩子不慎掉下来容易摔伤。有的生活用品放置不当，幼儿拿取不方便，造成危险。

（四）幼儿园工作人员玩忽职守或者工作责任心不强

玩忽职守与工作责任心不强属于不同性质的行为。玩忽职守为渎职行为，通常要承担法律责任。事实上，幼儿园因工作人员玩忽职守造成的事故较少，更多的是教师责任心不强造成的伤害。

例如，教师带领小朋友滑滑梯，教师只管和别人说话，没有全神贯注地照看孩子，结果幼儿因拥挤而摔下来，造成伤害；幼儿趁教师不注意离开教室，在操场上追跑，不慎摔伤等等。

（五）教师体罚或变相体罚幼儿造成伤害

尽管《新时代幼儿园教师职业行为十项准则》中规定严禁教师体罚或变相体罚幼儿，但是，这种现象在幼儿园时有发生。有的幼儿不守纪律、好动，教师罚其在教室外思过；幼儿却自行跑到院子里玩，最终因无人看管而发生意外。

（六）幼儿体质特殊或者疾病突发

有些安全事件是由于幼儿的体质特殊或者疾病突发引起的。如幼儿先天性心脏病复发就属于此类。这样的伤害是意外事件，是幼儿园不可预见的。

（七）家长的错误观念为幼儿安全留下隐患

有的妈妈热衷于给孩子扮酷，给孩子穿上厚底鞋、紧身裤等，使孩子活动不便，活动时易失去平衡。也有的妈妈为了省钱，给孩子穿大了好几号的鞋子，也使孩子容易摔倒。

二、幼儿安全事件的防范措施

（一）建立安全制度，明确岗位职责

一般可从组织机构、人员职责、控制危险因素、开展安全教育活动、检查监督、及时报告处理等方面建立安全制度。园长承担幼儿园安全方面的最终职责，可任命一名领导成员具体负责。各职能部门和人员要相互协调、分工负责，做到责任分明、万无一失。要注意把所制定的制度落实到行动中。在执行的过程中，注意加强宣传、自查，并根据实际情况做适当调整、修改与补充，真正做到"有制度、有落实、有检查、有成效"。

（二）建立卫生保健制度，做好健康检查工作

幼儿园应该严格执行有关卫生保健制度，切实做好幼儿生理和心理卫生保健工作。具体地说，幼儿园应建立幼儿健康检查制度和幼儿健康档案，并对幼儿身体发育状况定期进行分析、评价，并及时向家长反映幼儿的异常变化。建立卫生消毒隔离制度，认真做好计划免疫和疾病防治工作。加强对工作人员和幼儿的安全教育，防止中毒等事故的发生。重视晨间、午间检查工作。晨午检对于发现问题、排除安全隐患有着积极的意义。

（三）创设安全的生活环境，消除不安全因素

建立安全防护制度。严禁在园内设置威胁幼儿安全的建筑物和设施；严禁使用有毒、有害材料制作的教具、玩具；配备适合幼儿的桌椅、玩具架、盥洗卫生用具等；电源开关或插座应该装在离地面较高处，使幼儿不容易碰到；活动器械的配置都要符合有关规定，确保安全；对园内的建筑、设施、设备、器材、用品等要定期检查、维修。

（四）强化安全意识，体现预防为主

第一，工作人员要把安全工作放在首位，不定期地通过会议、宣传栏、典型事例等进行宣传教育，明确安全活动的目的和意义，树立工作人员的安全意识和高度的责任感。严格执行安全制度，认真做好安全的计划、布置、检查、

评比等各项工作，将安全管理与日常保教工作相结合，切实做到防患于未然。

第二，教职工要把安全岗位责任制牢记在心，落实到具体的工作中。本着对幼儿负责的思想，努力辨识危险源，掌握必要的安全防护方法，将危险消除在萌芽状态。同时，要与家长及时联系、沟通，避免意外事故的发生。

第三，开展内容全面、形式多样的安全教育活动，提高幼儿的自我保护意识和能力。开展一些自救的游戏，如着火了怎么办，走失后怎么办，遇到陌生人怎么办……并创设情境让幼儿模拟表演，让幼儿在游戏中学习自救知识。还要将安全教育落实到幼儿一日生活的每一个环节中，真正实现《幼儿园教育指导纲要》中"让幼儿知道必要的安全保健常识，学会保护自己"的要求。

（五）工作人员要有高度的责任感

工作人员在具体工作时，事事以幼儿为中心，本着促进幼儿和谐发展的宗旨，实行保育和教育相结合的原则。

传达室人员一定要坚守岗位，幼儿在园期间关闭大门，决不允许无关人员进入。幼儿的接送严格按制度办事，离园时教师把孩子交给家长，来园时家长把孩子交给教师。孩子最好由专人接送，如有特殊情况需要换人，家长应事先通知老师；如家长事先没有通知，而放学时换了别人接孩子，即便是熟人，也应与家长联系，核实情况后再做决定。

（六）在工作中要特别细心，进出教室随手关门

不要将床、桌子、椅子放在靠窗口的地方，以防幼儿爬窗跌下；往墙上贴宣传画不要用图钉；幼儿午休时要加强巡视，注意幼儿踢被或者蒙被；尖头剪刀、小刀、缝衣针、纽扣、豆子等不能让幼儿玩，以防刺伤、误吞或进入呼吸道；户外活动中，要注意保护幼儿，要随时清点人数等。

托儿所、幼儿园卫生保健工作规范

加强托儿所、幼儿园（以下简称托幼机构）卫生保健工作，落实《托儿所幼儿园卫生保健管理办法》（以下简称《管理办法》），卫生保健工作内容与要求，做好一日生活安排：儿童膳食、体格锻炼、健康检查、卫生与消毒、传染病预防与管理、常见病预防与管理、儿童伤害事故的预防、健康教育、卫生保健资料管理、健康检查、儿童健康检查、定期健康检查、晨检及全日健康观察、入园健康检查等。具体规范如下。

（1）儿童入托幼机构前应当经医疗卫生机构进行健康检查，合格后方可入园。

（2）承担儿童入园（所）体检的医疗卫生机构及人员应当取得相应的资格，并接受相关专业技术培训。应当按照《管理办法》规定的项目开展健康检查，规范填写"儿童入园（所）健康检查表"，不得违反规定擅自改变健康检查项目。

（3）儿童入园（所）体检中发现疑似传染病者应当"暂缓入园（所）"，及时确诊治疗。

（4）儿童入园（所）时，托幼机构应当查验"儿童入园（所）健康检查表""0—6岁儿童保健手册""预防接种证"。

发现没有预防接种证或未依照国家免疫规划受种的儿童，应当在30日内向托幼机构所在地的接种单位或县级疾病预防控制机构报告，督促监护人带儿童到当地规定的接种单位补证或补种。托幼机构应当在儿童补证或补种后复验预防接种证。需要做到以下三点。

1. 定期健康检查

（1）承担儿童定期健康检查的医疗卫生机构及人员应当取得相应的资格。

儿童定期健康检查项目包括：测量身长（身高）、体重，检查口腔、皮肤、心肺、肝脾、脊柱、四肢等，测查视力、听力，检测血红蛋白或血常规。

（2）1—3岁儿童每年健康检查2次，每次间隔6个月；3岁以上儿童每年健康检查1次。所有儿童每年进行1次血红蛋白或血常规检测。1—3岁儿童每年进行1次听力筛查；4岁以上儿童每年检查1次视力。体检后应当及时向家长反馈健康检查结果。

（3）儿童离开园（所）3个月以上需重新按照入园（所）检查项目进行健康检查。

（4）转园（所）儿童持原托幼机构提供的"儿童转园（所）健康证明""0—6岁儿童保健手册"可直接转园（所）。"儿童转园（所）健康证明"有效期3个月。

2. 晨午检及全日健康观察

（1）做好每日晨间或午间入园（所）检查。检查内容包括询问儿童在家有无异常情况，观察精神状况、有无发热和皮肤异常，检查有无携带不安全物品等，发现问题及时处理。

（2）应当对儿童进行全日健康观察，内容包括饮食、睡眠、大小便、精神状况、情绪、行为等，并做好观察及处理记录。

（3）卫生保健人员每日深入班级巡视2次，发现患病、疑似传染病儿童应当尽快隔离并与家长联系，及时到医院诊治，并追访诊治结果。

（4）患病儿童应当离园（所）休息治疗。

3. 工作人员健康检查

工作人员健康检查包括上岗前健康检查和定期健康检查。

上岗前健康检查：

（1）托幼机构工作人员上岗前必须按照《管理办法》的规定，经县级以上人民政府卫生行政部门指定的医疗卫生机构进行健康检查，取得《托幼机构工作人员健康合格证》后方可上岗。

（2）精神病患者或者有精神病史者不得在托幼机构工作。

定期健康检查：

（1）托幼机构在岗工作人员必须按照《管理办法》规定的项目每年进行1次健康检查。

（2）在岗工作人员患有精神病者，应当立即调离托幼机构。

（3）凡患有下列症状或疾病者须离岗，治愈后须持县级以上人民政府卫生行政部门指定的医疗卫生机构出具的诊断证明，并取得"托幼机构工作人员健康合格证"后，方可回园（所）工作。

① 发热、腹泻等症状；

② 流感、活动性肺结核等呼吸道传染性疾病；

③ 痢疾、伤寒、甲型病毒性肝炎、戊型病毒性肝炎等消化道传染性疾病；

④ 淋病、梅毒、滴虫性阴道炎、化脓性或者渗出性皮肤病等。

（4）体检过程中发现异常者，由体检的医疗卫生机构通知托幼机构的患病工作人员到相关专科进行复查和确诊，并追访诊治结果。

幼儿园春季传染病防控知识

春季是儿童传染病多发的季节。不仅流感、猩红热、水痘、流行性腮腺炎、麻疹、流脑、甲肝等会在"吹面不寒杨柳风"的时节光临，同时，一些由动物传染给人的疾病，如由病鸡传染给人的禽流感、以鼠类为传染源的流行性出血热也有所传播。

一、春季常见传染病

（一）麻疹

麻疹是由麻疹病毒引起的急性呼吸道传染病，冬春季节多发，传染力极强。临床以发热、皮疹及两眼发红、流泪、畏光、打喷嚏、流涕、咳嗽为主要症状，并以颊黏膜出现麻疹斑为特征。患病后一般可获得持久免疫力。病人是唯一的传染源，主要通过飞沫直接传播，人群普遍易感。尽量减少和患者及其患者家属的接触是预防麻疹的关键。

（二）流行性感冒

流行性感冒又称流感，是由流感病毒引起的急性呼吸道传染病，具有很强的传染性。流感病毒分为甲、乙、丙三型。流感病毒主要侵入呼吸道，临床上有发热、全身酸痛、咽痛、咳嗽与白细胞减少等表现。病人和隐性感染者为传染源，主要经飞沫传播，人群对流感普遍易感，病后有一定的免疫力。流感可通过接种疫苗预防。

（三）流脑流行性脑脊髓膜炎

流脑流行性脑脊髓膜炎简称流脑，是由脑膜炎双球菌引起的急性呼吸道传染病，传染性较强，有明显的季节性和周期性，冬春季发病率高。本病起病急、病情重、传播快、病死率高。发病初期类似感冒，流涕、咳嗽、头痛、发热等。病菌进入脑脊液后，头痛加剧，嗜睡、颈部强直、有喷射样呕吐和昏迷休克等危重症状。带菌者和流脑病人是本病的传染源。病人在潜伏期末和急性期均有传染性，病原菌主要是通过咳嗽、喷嚏等经飞沫直接从空气中传播，人群普遍易感。儿童发病率高，以5岁以下儿童尤其是6个月至2岁的婴幼儿发病率最高。"三晒一开"即常晒太阳、晒被褥、晒衣服，居室常开窗通风，以达到杀灭该病病菌，可通过接种疫苗提高对流脑的免疫能力。

（四）风疹

风疹是由风疹病毒引起的急性呼吸道传染病。病毒侵入人体后2—3周发病。临床表现以低热、畏寒、头痛、流涕、上呼吸道炎症、耳后及枕部淋巴结肿大。风疹病人为传染源，出疹前后5日均有传染性，患者鼻咽部分泌物、血及尿中均带有病毒，主要经空气飞沫传播，人群普遍易感。多见于1—5岁儿童，成人也可发病，冬春季节发病较多，病后可获持久免疫力。易感人群应尽量避免去人员密集的场所；学校、托幼机构等人口集中的地方应注意通风，并经常对室内空气进行消毒；对年龄为1岁以上的儿童、育龄妇女和其他易感人群，可接种风疹减毒活疫苗预防。

（五）水痘

水痘是由水痘带状疱疹病毒引起的急性呼吸道传染病，临床表现为中低度发热，很快成批出现红色斑丘疹。临床上往往丘疹、水疱疹、结痂同时存在。接受正规治疗后，如果没有并发感染，一般7—10天可治愈。病人为主要传染源，病毒存在于患者上呼吸道鼻咽分泌物和疱疹液中，通过飞沫和直接接触传播，亦可通过接触了被水痘病毒污染的食具、玩具、被褥及毛巾等接触传播，出疹前1日至疱疹完全结痂时均有传染性，人群普遍易感，儿童多见。由于本病传染性强，患者必须早期隔离，直到全部皮疹干燥结痂为止。水痘可通过接种疫苗预防。

（六）流行性腮腺炎

流行性腮腺炎是由腮腺炎病毒引起的急性呼吸道传染病。全年均可发病，但以冬春季为主。发病1—2日后出现颧骨弓或耳部疼痛，然后唾液腺肿大，体温上升可达40℃。通常以侧腮腺肿大后2—4日又累及对侧。早期患者及隐性感染者为传染源，患者腮腺肿大前7日至肿大后9日，能从唾液中分离出病毒，主要通过飞沫传播，患者主要是学龄儿童。病后有持久的免疫力。对易感者用腮腺炎疫苗进行免疫接种。

二、常见的消化道传染病

常见的消化道传染病主要有细菌性痢疾、甲型肝炎、食物中毒等。

（一）细菌性痢疾

细菌性痢疾是天气转暖时由痢疾杆菌引起的常见病、多发病，大多是食进不洁食品后感染痢疾杆菌所致。病菌随病人或带菌者粪便排出，易感者通过污染的手、生活接触、被污染食物或水源，或借苍蝇等方式传播。主要表现为发热、腹痛、腹泻，大便下坠感，可伴随恶心、呕吐、口干、浑身无力等症状。

（二）甲型肝炎

食进含有甲型肝炎病毒的食品一个月左右后发病。感染者为主要传染源，感染者粪便中的大量病毒会污染水源、食物及周围环境，健康人群一旦接触这些污染物，就可能导致发病。潜伏期大约为半个月到一个月。多数病人起病时类似感冒或胃病，有发热、怕冷、疲乏无力、不思饮食、恶心、呕吐、厌油等现象。一般患者几日后会退烧，但尿色渐深，出现眼黄、皮肤黄染，肝区疼痛等，此时肝功能异常（转氨酶高达几百甚至几千单位，胆红素明显升高）、肝脾肿大。预防措施是加强粪便管理，及时隔离病人，搞好饮食卫生、饮水卫生。

（三）食物中毒

春季来临，气温逐渐回升，细菌易繁殖，人群吃进了被细菌或细菌毒素污染的食物均可发病。潜伏期短，一般为数小时至2天，最短为1小时。主要表现为畏寒、发热（低热或高热）、恶心、呕吐、腹痛、腹泻（水样便、黏液便、脓血便或血水样便），严重者可引起脱水、血压下降、酸中毒，甚至休克。病情的轻重与摄入的细菌数量以及人体防御功能等因素有关，故同餐人群可集体发病。

三、警惕人感染高致病性禽流感和手足口病的发生

（一）人感染高致病性禽流感

人感染高致病性禽流感（H5N1）是指人感染H5N1亚型禽流感病毒后所致的疾病。目前认为人对禽流感病毒尚不易感染，一般认为12岁以下儿童，与家禽（尤其是病死禽）密切接触人群，与病人密切接触者（包括医务人员）为感染禽流感病毒的高危人群。传染源主要为病死禽，以及携带禽流感病毒的健康禽，尤其是水禽。一般认为，禽流感病毒（H5N1）可经过呼吸道传播导致人感

染发病，但是否能通过消化道、血液、黏膜等途径传播尚不确定。H5N1型禽流感病毒感染是急性起病，早期表现类似普通型流感，主要为发热，体温大多持续在39℃以上，可伴有流涕、鼻塞、咳嗽、咽痛、头痛、肌肉酸痛和全身不适，部分患者可有恶心、腹痛、腹泻、稀水样便等消化道症状。重症患者还可出现肺炎、呼吸窘迫等，甚至可导致死亡。防治人感染高致病性禽流感关键要做到"四早"，即对疾病早发现、早报告、早隔离、早治疗，日常生活中要注意养成健康生活方式，保持室内卫生，注意饮食卫生，圈养家禽，尽量避免与禽类接触等。

（二）手足口病

引起手足口病的肠道病毒以肠道病毒（EV71）和柯萨奇病毒A16型最为常见，人群普遍易感，但成人大多已通过隐性感染获得相应抗体而不发病，因而多发生于5岁以下儿童，尤其是3岁以下婴幼儿。感染者是唯一传染源，传播形式多样，以粪—口传播途径为主，主要是由于接触被病毒污染的手、毛巾、手绢、牙杯、玩具、食具及床上用品、内衣等，经口感染发病；患者咽喉分泌物及唾液中的病毒可通过空气（飞沫）传播；饮用或食入被病毒污染的水、食物，也可发生感染。儿童感染手足口病（EV71）后，多以发热起病，一般为38℃左右，发热同时在口腔、手足、臀部出现皮疹，或出现口腔黏膜疱疹。部分病人早期有咳嗽等感冒样表现。经对症治疗，大多数患儿在一周以内体温下降，皮疹消退，身体康复。目前该病尚无特殊预防方法，但做到"洗净手、喝开水、吃熟食、勤通风、晒衣被"可以有效降低手足口病的发生。

四、春季传染病的主要预防措施

（1）学习、了解卫生防病知识，树立传染病的防病意识。

（2）接种相应的疫苗，预防性疫苗是抵抗传染病发生的最佳手段。

（3）注意劳逸结合、合理体育锻炼，增强机体抵抗疾病能力。

（4）开窗通风，减少去空气不流通、人多拥挤的场所，尤其是儿童。

（5）注意个人卫生，养成良好的卫生习惯，饭前便后要洗手、不喝生水、不吃不洁净的食物，把好"病从口入"关。

（6）遇到气候变化，注意增减衣服。

（7）托幼机构、学校在晨检中，发现发热、皮疹的孩子，要立即通知家长带去正规医院就诊。

（8）发生病例后，及时隔离治疗，注意做好消毒工作。

幼儿园卫生保健知识培训

一、做好晨午检工作

在幼儿园的一日生活工作中，晨检是幼儿每日来园时必须进行的一项严肃的保健工作。常规的晨检是幼儿园预防疾病、消除安全隐患的重要手段，是幼儿防病防患的保护伞。在愉悦的晨检中，幼儿既接受了健康检查，又受到了相关的教育，如培养幼儿良好的个人卫生习惯，培养幼儿的安全意识，搭建家园构建平台等。

二、观察病儿的技巧（发烧、腹泻、腹痛等）

在日常的教学游戏活动中，教师要随时注意观察幼儿的情绪、脸色，如幼儿的脸色发白，表情痛苦就及时去关心。如摸摸他的头，看看他是否发烧，问问他有什么不舒服的地方，以便及时发现病情，第一时间通知家长。

（1）教师注意观察幼儿神情，如脸色潮红、烦躁不安多为发烧，脸色蜡黄多为消化道疾病。

（2）注意幼儿与平时表现的反差，如平日活泼好动的幼儿一反常态，精神萎靡不振或要求喝水、多次上厕所，想睡觉等都应引起教师重视。

（3）孩子有病是不会装的，在日常生活中，教师要善于用眼睛去观察。当孩子出现走不动、脸色发白、手捂肚子、趴在桌子上或是与其日常表现有异常的时候，教师应当及时上前询问幼儿感觉，当孩子说心里难受的时候就要及时与家长或保健老师联系。

（4）观察孩子是否发烧，一般看孩子脸色是否泛红、是否无力、不想吃饭等。简单的方法：用自己的眼皮贴在孩子的额头上，感觉比眼皮烫，可能是发烧，准确的是测量体温。

三、幼儿常见意外事故及其急救与处理

儿童意外伤害又称为儿童意外事故，可以定义为由意想不到的原因所造成的损伤或死亡，如溺水、窒息、跌落伤、烧烫伤、切割伤等。

人类发展研究所（NLCHD）召集学术会议，对意外伤害的定义进行了标准化，即一种突然发生的事件，是人类生活中对生命安全和健康有严重威胁的一种危险因素。儿童意外伤害问题已引起全社会的广泛关注，被国际学术界确认为21世纪威胁儿童健康和生命的主要问题，也是21世纪儿科和儿童保健工作中的一个重要组成部分。

常见儿童意外伤害情况有几下几种。

（一）鼻出血

处理方法：①安慰幼儿不要紧张，安静地坐下；②让幼儿头稍往前低，张口呼吸；③捏住鼻翼，一般压迫十分钟可止血；④把毛巾用凉水沾湿，折叠后用力按住流血的那侧鼻翼2—3分钟，用棉球堵住鼻孔即可。

注意：

（1）鼓励幼儿不要把分泌物咽下。

（2）若吐出的为鲜血，说明还在出血，应立即去医院处理。

（二）虫咬伤

幼儿不管被什么蚊虫咬伤，均应立即用肥皂水洗一下，至少15分钟，达到酸碱中和。如被蝗虫咬伤，毒液带碱性，可涂食醋；被蝎子蜇伤，毒液带酸性，则涂碱水；被蜜蜂蜇伤的话，伤口可涂淡碱水、肥皂水等。

（三）器官异物

1. 眼部异物

如异物入眼可让孩子眼睛向下看，然后用拇指和食指捏住他的上眼皮，轻轻地向上翻转，用眼药水或白开水冲洗，有困难者找保健医生或去医院处理，切勿用力揉。异物取出后滴点眼药水或红霉素眼膏。

2. 鼻腔异物

安抚幼儿，让其深吸一口气，紧按无异物一侧的鼻孔，幼儿用力擤鼻，有时异物可自然排出。若不能排出，应立即去医院取出。若未及时发现久了鼻腔

有恶臭味，或有脓血鼻涕流出，可造成感染。

3. 咽喉部异物

首先让幼儿张大口腔，看能否发现鱼刺、骨头渣等异物。若不能自己取出应立即送医院就诊。

4. 气管异物

异物吸入是指各种异物不慎被孩子吸入呼吸道，异物可能停留呼吸道任何部位，重者可造成窒息立即死亡。

急救措施：

（1）孩子小的可提起双脚让孩子倒立，用力拍打后背使异物吐出。

（2）站在孩子背后双手握拳放在幼儿上腹部，用力上推迫使异物吐出。

由于气管异物病情严重，请不要盲目处理，应争取时间立即去医院救治。

5. 食道异物

教育幼儿不要把小饰物、扣子、玩具、别针等带到床上或放在嘴里，以免吞到肚子里。一旦异物误入食道可根据不同的类型采取相应措施。

圆滑的球型小异物：熬适量香油加蜂蜜或白糖喝下，异物可排出。

不规则异物：韭菜炒鸡蛋，韭菜不要切得太细，吃下后可随粪便排出。

器官异物处理方法：

（1）拍背法：让小儿趴在救护者膝盖上，头朝下，托其胸拍其背部，使小儿咳出异物。

（2）催吐法：用手指伸进口腔，刺激舌根催吐，适用于较靠近喉部的气管异物。

（3）迫挤胃部法：救护者抱住患儿腰部，用双手食指、中指、无名指顶压其上腹部，用力向后上方挤压，压后放松，重复而有节奏进行，以形成冲击气流，把异物冲出。

（4）鼓励孩子咳嗽。

上述方法未奏效时，应分秒必争尽快送医院耳鼻喉科，呼吸停止给予口对口人工呼吸。

器官异物的预防：

（1）幼儿绝不可躺在床上吃饭或边跑边吃饭。

（2）避免给3—5岁以下的小儿吃颗粒小的花生、瓜子、豆类、玉米等食物，可将上述食物碾碎后送入小儿口中。

（3）婴幼儿进食时严禁孩子嬉笑、哭闹。

（4）婴儿所到之处，不放小、细碎、能放入口中的物品，以防误吞。

（5）不给孩子强行灌药。

（6）改正口中含物的不良习惯，如发现小儿口内含物时，应耐心劝说使其吐出，不要用手指强行挖取，更不要恐吓。

（四）外伤

1. 眼部意外打击伤

眼睑出血或皮下淤血等。轻度眼皮青紫肿胀，未伤及眼球，青紫一般2—3周内可消退，外伤后6小时内可做冷敷，经抑制出血，6小时后可用热敷，以促进出血吸收。有严重者立即去医院处理。

2. 跌伤

伤口浅而出血少者可在园保健室自行处理，伤口深而出血多者要立即去医院缝合包扎。

表皮擦伤处理：清洗—清除异物—局部消毒—局部止血—干燥。

3. 骨折

分开放性和闭合性骨折，发现骨折不要轻易搬动，一经搬动轻者可引起骨折移位，重者可使闭合性变成开放性，可立即用木板固定，争取2—3小时内送医院救治。

4. 扭伤和拉伤

抬高患部，不要揉捏，24小时内局部冷敷，根据具体情况临时决定处理。

5. 烧、烫伤

幼儿园里禁止热汤、热菜入班，如果被热油、开水烫伤，应赶快将伤处在自来水龙头下冲洗，或置入盛冷水的容器中浸泡。冲洗时间视伤情轻重而定，一般持续二三十分钟。严重的烧烫伤要边冲洗边剪开衣服，如皮肤破溃禁用冷水冲，用干净的床单包裹以最快的速度送往医院救治。

（五）惊厥

幼儿惊厥也叫抽风，多由高热、低血糖、低血钙引起，如癫痫其他脑病也可抽风。幼儿出现惊厥后，教师要保持镇静，不要惊慌，不要动他，首先要使患儿的呼吸道畅通，让其侧卧，松开衣领，便于及时排出分泌物，然后将缠有纱布的小勺把或木棒放到上下牙之间，防止舌咬伤，最后迅速送医院治疗。

（六）脱臼

一旦幼儿发生脱臼，教师不必惊慌失措，尽可能在脱臼后的两三个小时内让关节恢复原状，时间太久，周围的组织就会肿胀，复原就困难。

临床表现：宝宝脱臼之后非常疼痛，首先要先安慰宝宝，并立刻处理。关节脱臼的部位会压迫神经，这时拉长的韧带以及肌肉，稍微一动就非常痛。单纯的脱臼往往比骨折要更加疼痛，手会垂在胸前。

护理方法：

（1）可用大围巾折成三角形把手臂吊在脖子上。但是别随意移动幼儿患肢，避免移动的过程中造成幼儿患部的二次伤害，先固定患部后施以冰敷，尽快到医院治疗。

（2）即使关节恢复到原来的位置，受伤的韧带或周围的组织也还是需要治疗。几个星期都不可活动关节，这期间比骨折的情况更为疼痛。

幼儿眼保健知识培训

一、我国儿童眼疾现状

全国儿童盲及低视力现状：我国目前有视力残疾者约1310万，其中盲约560万，低视力约750万。儿童低视力和盲的患者约占22%，即约有130万儿童盲和165万低视力儿童，其中弱视2%—4%、斜视1%—5%、近视30%—90%。

二、儿童眼病的危险后果

视力低下甚至盲、视功能缺失或丧失、危及生命。

三、儿童眼保健的意义

通过眼保健宣传教育、视力评估和相关眼病的筛查，早期发现影响儿童视觉发育的眼病，及时发现儿童眼病问题，并实施有效的治疗，真正做到儿童眼病"早发现、早诊断、早治疗"的三早预防，切实地防治儿童盲及低视力，保护和促进儿童视功能的正常发育。

四、各时期幼儿眼生理及保健要点

（一）新生儿期眼生理及保健要点

视觉行为能力：能注视眼前15—20cm远的较大物体，可追视红色或颜色对比鲜明的条纹圆球。红线球可跟至中线。进行引导跟视训练，选择鲜艳玩具或气球等进行引导。

（二）42天—3个月小儿眼生理及保健要点

视觉行为能力：能跟踪眼前物体过中线至180°，目光追随桌上滚动的球，寻找视野中消失的东西。继续进行引导跟视训练，选择鲜艳玩具或气球等进行引导，把孩子抱到视野开阔的地方。

（三）3—6个月小儿眼生理及保健要点

视觉行为能力：能看4—7m远，有目的地伸手抓面前的东西，坐位能寻找线团，拉绳取圆环，知道找丢了的玩具，玩自己的手。

继续进行引导跟视训练，选择鲜艳玩具或气球等进行引导，把孩子抱到视野开阔的地方。

（四）6个月—1岁小儿眼生理及保健要点

视觉行为能力：能用手指抠小洞洞；能故意把东西扔掉又捡起来。

注意进行精细目力训练，注意捡取小物品精细训练。

进行用手指眼、指鼻筛查，屈光筛查，了解孩子屈光状态。

（五）1—2岁小儿眼生理及保健要点

视觉行为能力：能认识红、黄、绿颜色，开始分辨简单的图形，能捡小豆豆。

教儿童穿串珠、捡豆豆等操作，促进精细动作的发展，教查儿童图形视力表，建议尽早到儿童眼保健门诊检查视力。

注意进行视力筛查、屈光筛查，了解孩子屈光状态。

（六）2—2.5岁幼儿视力自检

视物估计法：若能捡其眼前30—35cm直径1mm的小珠子，其视力可能在0.3以上。

（七）3—6岁小儿眼生理及保健要点

视觉行为能力——进入学龄期：

教查视力表，定期到儿童眼保健门诊检查视力，注意减少电子产品应用，注意学习姿势及距离。

注意进行视力筛查、屈光筛查，了解孩子屈光状态。

五、如何预防儿童常见的眼部疾病

（1）儿童应当远离烟花爆竹、锐利器械、有害物质，不在具有危险的场所活动，防范宠物对眼的伤害。

（2）儿童活动场所不要放置锐利器械、强酸强碱等有害物品，注意玩具的安全性。

（3）儿童眼进异物，或眼球被扎伤、撞伤，要及时到设有眼科的医疗机构就诊。

六、如何注意用眼卫生

（一）视觉刺激

适宜的光线、色彩的刺激、避免给孩子遮盖眼睛、避免过强过弱的光、避免让孩子长期躺在一个位置，头向一个方向看物体。

（二）合理营养，平衡膳食

注意孩子的营养全面、平衡，保证眼球的正常发育；锌、钙、维生素A、维生素B1、维生素B2。含有多种维生素、氨基酸及各种微量元素食物：动物的眼、肝、肾，鱼类，龙眼、枸杞、无花果、柑橘、葡萄、草莓等。

（三）看电视

在电视机的正前方，保持正确的坐姿看电视。电视机的位置和观看者的视线在同一高度。儿童持续近距离注视时间每次不宜超过30分钟，操作各种电子视频产品时间每次不宜超过20分钟，每天累计时间建议不超过1小时。2岁以下儿童尽量避免操作各种电子视频产品。

（四）看书写字的距离和姿势

不要太近，坐车、走路时不要看书，也不要躺在床上看书。看书时要光线充足。学习乐器时，乐谱符号要大，应清楚。不要在光线太强或太暗的环境中看书、写字。

（五）护眼运动

远眺：嘱咐孩子凝视远方的一个具体目标。让孩子要努力去看清它，最好是绿色目标，做眼保健操、增强体质。

（六）科学配镜

（1）屈光不正儿童要到具有相应资质的医疗机构或眼镜验配机构进行正规散瞳验光，调整眼镜屈光度，不要使用劣质及不合格眼镜。

（2）不要盲目使用眼保健产品，要在专业医师指导下合理、适度使用。

幼儿园手足口病培训资料

一、什么是手足口病

婴儿和儿童的常见疾病，夏秋季高发。全世界大部分国家和地区均有该病流行的报道。手足口病是由肠道病毒引起的急性传染病［肠道病毒71型（EV71）、柯萨奇病毒A16型（CoxA16）多见］。多发生于5岁以下儿童，尤其是3岁以下。病人和隐性感染者均为传染源，主要通过消化道、呼吸道和密切接触等途径传播。潜伏期为2—10天，平均3—5天，病程一般为7—10天。

二、手足口病的症状

发热和手足、口腔等部位的皮疹、溃疡。极个别患者可引起心肌炎、肺水肿、无菌性脑膜脑炎等致命性并发症。无合并症的患儿预后良好，一般一周内自愈。

三、疹子有哪些特点

四部曲——主要侵犯手、足、口、臀四个部位。

147

四不像——疹子不像蚊虫咬、不像药物疹、不像口唇牙龈疱疹、不像水痘。

四不特征——不痛、不痒、不结痂、不结疤。

四、手足口病有哪几条传播途径

（1）粪便带病毒——粪口途径传播。

（2）患者咽喉分泌物中的病毒——空气飞沫传播。

（3）皮肤、黏膜疱疹液、呼吸道分泌物及其污染的手、毛巾、手绢、牙杯、玩具、食具、奶具以及床上用品、内衣及医疗器具等——接触传播。

五、手足口病是否有特殊治疗的药物

传染性强（发病后一周内传染性最强），传播速度快，容易出现暴发和短时间内较大范围流行。目前仍无治疗手足口病的特殊的药物，主要是进行对症治疗，无疫苗。大多数患者症状都很轻微，甚至没有症状，而且极大一部分人可以不经治疗而自愈，只有极少数发生并发症的患者才会死亡。

六、托幼机构预防控制措施

（1）每日进行晨检，发现可疑患儿时，要采取立即送诊、居家观察等措施；对患儿所用的物品要立即进行消毒处理。

（2）适时执行停课闭园2周措施。

（3）教育、指导儿童养成正确洗手等良好的卫生习惯；老师要保持良好的个人卫生状况。

（4）教室和宿舍等场所要保持良好通风；定期对玩具、儿童个人卫生用具（水杯、毛巾等）、餐具等物品进行清洗消毒。

（5）定期对活动室、寝室、教室、门把手、楼梯扶手、桌面等物体表面进行擦拭消毒。

（6）托幼机构应每日对厕所进行清扫、消毒，工作人员应戴手套，工作结束后应立即洗手。

（7）托幼机构应配合卫生部门采取手足口病防控措施。

七、做好晨午检和因病缺勤追踪

（1）晨午检要认真仔细。每日晨检，逐一检查儿童发热和手掌、脚掌、口腔等部位皮疹情况。

（2）负责晨检、午检的老师不要接触孩子的手足等身体部位，以避免由老师造成的幼儿园内部交叉感染。

（3）晨检发现手足口病患儿，不能入托，立即去医院诊治，不让患儿接触其他儿童。告知家长患病儿童不接触其他儿童，痊愈一周后上课。

（4）对儿童每天到校情况进行登记，对缺课儿童，立即追查原因。

（5）对因病请假的幼儿，每天派专人对每名缺勤儿童的具体生病原因及健康状况进行详细追查，并做好记录，尤其是病情有变化时随时做好追踪记录。

八、儿童、家长、老师做好洗手工作

（1）晨检后，儿童要彻底洗手后方可进入教室。

（2）掌握正确洗手方法。湿：在水龙头下把手淋湿；搓：按照搓手6步法，将手洗净；冲：将双手冲洗干净；捧：捧水将水龙头冲洗干净；擦：用干净的毛巾、擦手纸将手擦干。

（3）教职工入园上班时，也应首先彻底洗手。

（4）家长接儿童时，先洗手。家长工作或外出回家，立即洗手。

（5）患儿饭前便后要洗手。

（6）托幼机构要设置足够的水龙头，并配备足够的洗手液或肥皂。

九、严格消毒制度

（1）早晨和下午上课前，教室、寝室、活动场所通风换气、消毒。

（2）每天对儿童的玩具、餐具、毛巾等用消毒液浸泡消毒，定期晾晒被褥等。

（3）每天早晚对扶手、门把手、电梯按钮、桌椅、公共电话等用消毒液进行擦拭消毒1—2次。及时消毒儿童粪便。

（4）儿童入托时，托幼机构校舍门前放置消毒液浸泡过的消毒垫。

（5）有班车的托幼机构必须每日对学校班车进行消毒处置。

十、严格班级停课标准、规范停课后措施

（1）全市各托幼机构每班级发生1例手足口病，建议对该班停课2周，1周内累计2个班级出现病例时，建议该托幼机构闭园2周。凡私立幼儿园，建议执行1例闭园2周措施。

（2）托幼机构因手足口病停课时，要向所有学生家长详细告知手足口病防控知识及幼儿在家隔离期间注意事项。

（3）托幼机构不准强迫手足口患儿就诊时隐瞒学校名称，一经发现，要严肃处理。

（4）所有托幼机构不得接收其他因手足口病被停课隔离观察的学生。对新入学的托幼儿童要及时向当地疾控机构咨询是否为被隔离观察人员。

（5）孩子回家之后老师每日与家长沟通学生的健康状况。

十一、积极开展手足口病知识宣传

（1）上一堂手足口病预防课。让儿童熟知正确洗手的方法，不喝生水、不吃生冷食物，饭前便后洗手，不接触患病同学等知识。

（2）开展"致家长手足口病防治知识一封信"活动，让儿童带回家，并请家长读给儿童听。

（3）校门口和班级门口张贴手足口病宣传画和宣传单，黑板报宣传手足口病防治知识。

（4）因控制疫情需要放假的班级或学校，在放假之前召集家长开会告知一下回家后应注意的事项，如独自在家休息，不能扎堆玩耍避免传染，已经患病的轻症孩子一定要居家休息，避免外出劳累导致病情加重等。

（5）对有发热、口腔溃疡、手足部位皮疹症状的孩子，如果初次就诊时没有被诊断为手足口病，应在家中休息观察三天，如果病情没有继续进展，可恢复上学。

幼儿如何预防呼吸道传染病

一、如何预防呼吸道传染病

（1）预防呼吸道传染病的四大法宝：多通风、勤洗手、常运动、打疫苗。

（2）呼吸道传染病都是通过空气传播，因此，教室、卧室等地方要经常开窗通风，每天至少三次，每次不少于10分钟。

（3）注意个人卫生，从小养成良好的卫生习惯，要勤洗手；不用手挖鼻孔；咳嗽、打喷嚏时要用手帕盖住口、鼻，不要对着人，个人使用的手帕要经常洗晒；不随地吐痰。

（4）不食辛辣食物，减少对呼吸道的刺激。

（5）要注意保暖和多喝水，多吃富含维生素C的水果。

（6）经常锻炼身体，保持均衡饮食，注意劳逸结合，提高自身抗病能力。

（7）要做好预防接种工作。根据发病季节、流行区域等，在流行季节前的一段时间内选择接种麻疹、风疹、腮腺炎、水痘等相关疫苗。一旦在学校发现自己或同学有发热，出红疹、红点等现象应该立即向老师汇报，水痘、腮腺炎等需在家隔离两周以上，这不仅是为了自己早日康复，同时也有效地预防这些传染病在学校流行。

（8）传染病的预防主要是消除传染源、切断传播途径和保护易感人群。

二、幼儿园根据常见传染病的特点，采取一系列的措施

（1）严把幼儿食品的进货渠道，食物蒸熟煮透，同时做好食品卫生管理、餐具消毒和个人卫生的防护。

（2）做好防鼠工作，坚持投药并定期更换。

（3）加强幼儿每日晨、午的检查和监测，发现教职工或幼儿体温大于37.5℃以上或其他异常，及时动员就诊，希望家长配合。

（4）保证教室空气新鲜，天气寒冷也要保证每半天通风15分钟。

（5）注重幼儿营养均衡的同时，督促幼儿饮水，保证孩子每日的饮水量。

（6）增加幼儿的户外活动，利用好天气和幼儿园周边的好环境，带孩子们远足，多种形式增强幼儿的体质。

矮小症、生长迟缓的诊疗和营养干预

一、概念

矮小症（生长障碍）：是指在相似生活环境下，同种族、同性别和同年龄的个体身高低于正常人群平均身高2个标准差者（–2SD），或低于第3个百分位数（–1.88SD）。

矮小是生长速度减慢的结果。生长速度是指一年能长几厘米，是儿童生长发育最重要的检测指标之一。

患儿生长缓慢的可能表现：

（1）儿童的生长速度3岁前小于7厘米/年。

（2）3岁到青春期小于5厘米/年。

（3）青春期小于6厘米/年。

二、矮小、生长迟缓的发病率

中国学龄前儿童营养不良生长迟缓列全球第二。2006年，联合国儿童基金组织对外宣称，中国至少有1270万儿童患有"生长迟缓"。

中国疾控中心在2010年的调查报告显示，全国5岁以下儿童的"生长迟缓"率在9.9%。城镇为3.4%，农村则高达12.1%。

《中国儿童发展纲要（2011—2020年）》中首次提出孩子身高问题。要求十年内儿童生长迟缓率降低到7%。

三、影响生长发育的因素

（1）影响宫内生长的因素：胎儿的生长依赖于充足的氧和营养物质，遗传方式在孕早期起重要作用，以后母亲的环境起重要作用。

（2）影响出生后生长的因素：出生后各种生长类激素中，以生长激素，甲状腺激素及性激素最重要，其次是糖皮质激素，胰岛素。

（3）其他的非内分泌因素：遗传因素，社会经济因素，营养因素，心理因素，慢性病等。

（4）儿童矮身材病因原发性：染色体异常，小于胎龄儿（SGA），特发性矮身材（ISS），家族性矮身材。

（5）体质性青春发育延迟。

（6）先天性代谢异常：粘多糖症。

四、营养性矮小概念

营养性矮小（营养不良性矮小）：由于各种疾病或饮食习惯不良致营养摄入不足或吸收障碍所致。血中生长激素升高，但胰岛素样生长因子-1低下为其重要特征，显示营养不良时的生长激素抵抗状态。营养（不良）性生长迟缓：一般在矮小发生前1—2年已有体重不增，继之呈现生长速度减慢，重要特征是体重落后超过身高落后。

（一）矮小、生长迟缓的病因构成

按照WHO推荐的NCHS（美国国家健康统计中心）为参照人群进行评价，发现有752人属于矮小症，矮小原因有：小于胎龄儿（4.65%），体质性发育迟缓（13.30%），家族性矮小（10.64%），生长激素缺乏症（9.97%），晚发性甲状腺功能低下（3.46%），先天性卵巢发育不全（4.79%），营养不良性矮小（47.87%）。

（二）靶身高的计算

靶身高（TargetHeight，TH），又称为遗传身高。

计算公式：

男孩：靶身高=（父身高+母身高+13）/2 ± 7（cm）。

女孩：靶身高=（父身高+母身高-13）/2 ± 6（cm）。

五、营养不良性矮小

青春期生长，包括身高突增和长骨骺生长板愈合后身高增长停止，涉及除生长激素外的性激素水平。在这些阶段，很多环境因素可以通过独立的或是协同作用方式改变个体线性生长的遗传潜力。例如，母亲营养不良、母亲身材矮小；婴儿期摄入不足、频繁感染及心理社会环境贫乏均可能导致线性生长迟缓。

研究发现，线性生长受阻在2岁内最为明显，是影响成人最终身高的重要因素，而在这一时期，营养是其中一个重要的调节因子。有益儿童增高五大营养食品：牛奶、沙丁鱼、菠菜、胡萝卜、橘子。酸奶不宜长期饮用，婴幼儿适宜母乳、配方奶粉，年长儿适宜纯牛奶。口味清淡，少盐，少油，少吃甜食，不吃油炸、冰冻、膨化食品，不喝碳酸饮料。豆制品、坚果类要经常吃。不能以肉类当主食，肉代谢后易造成钙流失。

幼儿园消毒液的配置

一、幼儿园使用的消毒剂类型

名称：利尔康泡腾消毒片。

主要成分：三氯异氰尿酸。

使用方法：加入规定量的自来水中搅拌混合均匀。

二、幼儿园常用的消毒药片配制

一般物体表面：1片消毒药片与2L水相融合，其每升消毒液有效氯含量为250mg。

消毒时间：10—30分钟。

消毒方法：浸泡、喷洒消毒后用清水洗净。

三、使用的注意事项

（1）消毒药片有一定的刺激性与腐蚀性，必须溶解稀释以后才能使用，消毒以后应该清水冲洗干净后才能使用。

（2）消毒剂是一种含氯消毒剂，而氯是一种挥发性的气体，因此盛消毒液的容器必须加盖盖好，且尽快用完，否则达不到消毒的效果。

（3）不要把消毒剂与其他洗涤剂或消毒液混合使用，因为这样会加大空气中氯气的浓度而引起氯气中毒。

（4）消毒剂一定要放在幼儿够不着的地方，避免意外伤害。

（5）蔬菜、水果等食物不能用含氯消毒剂消毒。

（6）消毒药片的有效期一般为1年，在使用时请注意生产日期。

幼儿园环境和物品预防消毒方法

一、托幼机构环境和物品消毒的重要性

孩子是每个家庭的希望和未来，关心和注重每个孩子健康成长，是每个家长的共同心愿，也是幼儿园保育、教育的目标。学龄前儿童正处在生长发育的关键时期，此时他们的生长发育迅速，但身体尚未发育完善，适应环境的能力和对疾病的抵抗力不足，属于易感人群，而且幼儿园的生活接触较密集，一旦传染病传入，易发生暴发流行。虽然随着全社会公共卫生条件的不断改善，一些传染病基本得到控制，但手足口病、流感、腮腺炎、水痘等在幼儿园每年仍有流行。

幼儿园的教师卫生消毒专业知识及实际操作方法需要进一步规范、巩固，要加大培训力度，规范操作流程，从而更有效地促进卫生保健工作质量。在物品消毒时，存在不易消毒的隐患，尤其是班级卫生死角，造成安全隐患。

因此，做好幼儿园各环节的卫生消毒工作对传染病的预防和控制尤为重

要，从而使每一位孩子在洁、净、美的幼儿园里健康成长是首要责任。熟练把握各环节的卫生消毒工作要求，将消毒工作落到实处。

二、托幼机构环境和物品预防消毒方法

（1）物理消毒法。

（2）化学消毒法。

三、常用消毒剂的类型

（一）含氯消毒剂

（1）84消毒液。

（2）利尔康泡腾消毒片Ⅱ型（主要成分：三氯异氰尿酸）。

（二）消毒液的配备方法

含氯消毒剂配制方法：

（1）用84消毒液原液配制有效氯含量5.5%—6.5%的消毒剂，如表2–1所示。

表2–1

配置浓度	量	配比
250mg/L	1000mL	原液5mL+水995mL
500mg/L	1000mL	原液10mL+水990mL
1000mg/L	1000mL	原液20mL+水980mL
2000mg/L	1000mL	原液40mL+水960mL

（2）用泡腾片（1.25g）配置有效氯含量0.5g的消毒剂，如表2–2所示。

表2–2

配置浓度	量	配比
250mg/L	1000mL	泡腾片半片+水1000mL
500mg/L	1000mL	泡腾片1片+水1000mL
1000mg/L	1000mL	泡腾片2片+水1000mL
2000mg/L	1000mL	泡腾片4片+水1000mL

四、针对托幼机构不同设施、不同物品消毒的要求

具体消毒要求如表2-3所示。

表2-3

消毒对象	物理消毒方法	化学消毒方法	备注
空气	开窗通风每日至少2次，每次至少10—15分钟		在外界温度适宜、空气质量好，保证安全的情况下，应采取持续开窗通风的方式
	采用紫外线杀菌灯进行照射每日2次，每次持续时间30分钟		1.不具备开窗通风条件时使用。2.禁止在有人的情况下使用
餐饮、炊具、水杯	煮沸消毒15分钟或蒸汽消毒10分钟		煮沸消毒时，物品全部浸没在水中；蒸汽消毒时物品应放置疏松，水沸后计时
	餐具消毒柜、消毒碗消毒柜按产品说明书进行使用		1.使用符合国家标准规定的产品。2.保洁柜无消毒作用，不得使用保洁柜代替消毒柜进行消毒
		使用次氯酸钠消毒剂消毒，使用浓度为有效氯含250mg/L，浸泡消毒5分钟	1.对食具必须先清洁然后再进行浸泡消毒。2.消毒后使用生活饮用水将残留消毒剂冲净
水果		使用次氯酸钠消毒剂消毒，使用浓度为有效氯含250mg/L，浸泡消毒10分钟	1.将水果先洗净后消毒。2.消毒后用生活饮用水将残留消毒剂冲净
毛巾类织物	用洗涤剂清洗干净后、置阳光直接照射下暴晒干燥		单层暴晒，不低于6小时
	煮沸消毒15分钟或蒸汽消毒10分钟		应疏松放置
		使用次氯酸钠消毒剂消毒，使用浓度为有效氯含500mg/L，浸泡消毒20分钟	织物全部浸没在消毒液中，消毒后使用生活饮用水将残留消毒剂冲净

续 表

消毒对象	物理消毒方法	化学消毒方法	备注
抹布、拖布等卫生洁具	煮沸消毒15分钟或蒸汽消毒10分钟		此法仅限于抹布
		使用次氯酸钠消毒剂消毒,使用浓度为有效氯含500mg/L,浸泡消毒30分钟	全部浸没在消毒液中,消毒后可直接控干或晾干放置;或使用生活饮用水将残留消毒剂冲净后控干或晾干放置
餐桌、床围栏、门把手、水龙头等物体表面		使用次氯酸钠消毒剂消毒,使用浓度为有效氯含250mg/L,消毒10—30分钟	1. 可采用表面擦拭、冲洗消毒的方式。 2. 餐桌、家具消毒后用生活饮用水将残留消毒剂冲净
图书	每周至少通风晾晒一次		1. 使用于不能湿式擦拭清洗的物品。 2. 暴晒时不得相互叠加,暴晒时间不低于6小时
玩具		使用次氯酸钠消毒剂消毒,使用浓度为有效氯含250mg/L,表面擦拭、浸泡消毒10—30分钟	根据污染情况每周至少消毒一次
洗手池、厕所地面		使用次氯酸钠消毒剂消毒,使用浓度为有效氯含500mg/L,表面擦拭、浸泡消毒10—30分钟。	1.出现污染情况时随时清洁擦拭。 2. 根据污染情况每周至少消毒一次
坐便器、盛装呕吐物的容器		使用次氯酸钠消毒剂消毒,使用浓度为有效氯含1000mg/L,表面擦拭、浸泡消毒30分钟	
体温计		使用75%乙醇溶液浸泡消毒10—30分钟	符合《中华人民共和国药典》规定的乙醇溶液

幼儿园常用物品消毒培训

一、环境卫生

（1）建立室内外环境卫生清扫和检查制度，每周全面检查1次并记录，为幼儿提供整洁、安全、舒适的环境。

（2）物体表面，即门窗、门把手、幼儿桌椅、窗台、墙裙、床围、水龙头、玩具橱等，使用75%酒精消毒，每天两次（早上入园前和幼儿午休时）。

（3）空气消毒：

常温下持续开窗通风（天气不好时，每天不少于3次，每次不少于30分钟）。

每天放学后，紫外线消毒，时间不少于1小时。

（4）厕所做到清洁通风、无异味，地面要不定时打扫，不要留有积水，保持干燥。（预防幼儿滑倒）

（5）小便池、挡板、墙裙等都要及时清扫。及时补充幼儿香皂。

（6）卫生洁具各班专用专放并有标记。抹布用后及时清洗干净，晾晒、干燥后存放；拖布清洗后应当晾晒或控干后存放。清扫工具要分类存放，如拖地专用、厕所专用、床上专用等。（每班在洗手池的上方贴有5个专用专放标识）

（7）幼儿被褥每两周返回家清洗晾晒一次，枕头每周返回家清洗晾晒。

（8）保持玩具、图书表面的清洁卫生。每天放学后，用84消毒液进行玩具清洗、消毒；每周图书翻晒一次。自带封皮的幼儿书籍，可用湿抹布擦拭干净。阳光下暴晒时间不低于6小时。

（9）地面消毒：

教室每天消毒3次。（早餐后和午餐后用滴露拖地，放学后用稀释后的84消毒液拖地）

走廊地面用84消毒液拖地，每天早上一次。

（10）其他区域：

办公室：各办公室负责人消毒。用酒精或84消毒液。

功能室：各功能室负责人消毒。用酒精或84消毒液。

（11）公共区域：保洁人员每天两次用84消毒液擦拖地面、楼道、墙裙等公共区域。

（12）室外环境及大型玩具：保安老师每天两次用84消毒液喷洒门厅、院落、室外大型玩具。

二、个人卫生

（1）儿童日常生活用品专人专用，保持清洁。要求幼儿每人每日一巾一杯专用。

（2）培养儿童良好卫生习惯。饭前便后应当用肥皂、流动水洗手，早晚洗脸、刷牙，饭后漱口，做到勤洗头洗澡换衣、勤剪指（趾）甲，保持服装整洁。

（3）教师应当保持仪表整洁，注意个人卫生。饭前便后和护理儿童前应用肥皂、流动水洗手；上班时不戴戒指，不留长指甲；不在园（所）内吸烟。

三、常规性消毒

（1）餐桌消毒方法。（清—消—清）

清：用绿色抹布擦拭桌面残留物品。

消：用浸泡84消毒液的红色抹布对桌面进行消毒。（消毒时毛巾正确的使用方法）

清：再用绿色抹布擦拭两遍，保证桌面不留残迹。（桌面消毒是两餐一点，中午加点用清水擦一遍）

（2）水杯每日清洗消毒一次，保证幼儿一人一杯，如果发现水杯沿有油垢，要及时清理。不用的水杯取出来放在大托盘里，口朝下摆放整齐，并把装水杯的袋子折叠盖在上面。每餐消毒时，各班级不留幼儿水杯。

（3）餐具、炊具的消毒。煮沸消毒15分钟或蒸汽消毒15分钟。

对餐具必须先去残渣、清洗后再进行消毒。煮沸消毒时，被煮物品应全部浸没在水中；蒸汽消毒时，被蒸物品应疏松放置，水沸后开始计算时间。

（4）专人专职消毒幼儿餐盘、餐勺、水果盘等。

消毒柜使用符合国家标准规定的产品。

保洁柜无消毒作用，不得用保洁柜代替消毒柜进行消毒。

四、其他方面

（一）晨检关

配合班级教师做好做细晨检工作：

一摸：摸额头，是否发热、淋巴结是否肿大。

二看：面色和神态，口腔、皮肤等有无传染病早期症状。

三查：检查幼儿双手是否卫生，衣服是否整洁，是否携带不安全的物品，如小刀、扣子、弹珠等，查看幼儿是否穿戴有珠子的衣服鞋子等。

四问：询问幼儿在家的饮食、睡眠、大小便情况，有无其他注意的地方。

五记：晨检结束后，记录下幼儿入园的情况，需要关注的幼儿，要做好午检和全日制观察。

（二）午检关

一听：听幼儿的呼吸是否正常。

二看：看幼儿神态，严密注视幼儿举动有无异常。

三摸：摸摸幼儿的额头温度，每天午休前和起床后都要用额温枪给幼儿测量体温，有病做到早发现。

四做：给踢被子的幼儿盖好被子。

（三）全日制观察

注意观察幼儿的神情、面色，如面色潮红、烦躁不安多为发烧，脸色蜡黄多为消化道疾病。

注意幼儿与平时表现的反差。如平时活泼好动的，现在一反常态，萎靡不振或要求喝水，多次上厕所，想睡觉等等都应引起注意。

五、如果班级出现疑似传染病幼儿应如何处理

（1）找校医查看。

（2）通知家长，带幼儿去医院就诊，必要情况下隔离。

（3）教室通风，所有幼儿物品消毒。

（4）患儿个人用品彻底消毒。

幼儿园消防安全知识培训

一、幼儿园火灾常见隐患及火灾预防

（一）常见火灾隐患

（1）房门不畅通（门背后常有堆积大量杂物）或只开一个门。

（2）使用大功率照明灯或电热器及使用火炉取暖跟易燃物过近。

（3）违反操作规范使用电子教具，造成瞬间负荷过大或电线短路。

（4）线路老化或超负荷工作。

（5）不按安全规定存放易燃物品。

（6）其他安全隐患。

（二）常见火灾预防

1. 幼儿教室火灾预防

（1）学校要对教室电线进行定期检查，及时更换老化电线，防止超载引起火灾。

（2）定期清理教室内堆放的杂物及其他易燃物品。

（3）一旦发生火险火情，在场老师要迅速判断起火原因，采取果断措施，切断火源，有效控制火势蔓延扩大，等待救援。

（4）立即拨打报警电话救助。

（5）稳定幼儿情绪，组织幼儿迅速撤离，撤离过程中防止发生拥挤踩踏。

2. 幼儿寝室火灾预防

（1）定期进行安全检查，严格遵守用电制度，严禁私自乱接电线或擅自变动电源设备，离开宿舍要切断所有电源。

（2）严禁在楼内焚烧杂物。

（3）不准携带易燃易爆和危险化学品进入宿舍。

（4）不准使用"热得快"、电热毯。

（5）不准使用酒精炉、煤油炉、煤炉等燃器具。

（6）不准占用和堵塞疏散通道。

（7）不得人为损坏灭火器具和消防设施。

（8）一旦发现火险火情，管理工作人员要采取有效措施迅速切断火源，使用自备灭火器具进行灭火自救，防止火势蔓延扩大，相关人员应立即组织幼儿有序撤离，防止发生拥挤踩踏。

（9）立即拨打报警电话。

二、火场逃生基本常识

一场火灾降临，在众多被火势围困的人员中，有的人葬身火海，而有的人却能死里逃生，幸免于难。这固然与火势大小、起火时间、起火地点、建筑物、报警、排烟、灭火设施等因素有关，然而更重要的是要看被火围困的人员在灾难临头时有没有避难逃生的本领。

（一）火场逃生的原则

火场逃生的原则是：安全撤离，救助结合。

（二）一般建筑火灾逃生方法

一般建筑是指非高层和地下建筑的场所，发生火灾时的逃生方法。

1. 利用疏散通道逃生

每座建筑按规定设有室内楼梯、室外楼梯，有的还设有自动扶梯、消防电梯等，发生火灾后，尤其是在火灾的初期阶段，这些都是逃生的有效途径，在下楼时，应抓住扶手，以免被人群撞倒、踩伤。

2. 自制器材逃生

建筑物发生火灾后，可利用逃生的物品来源比较多，要学会随机应用。例如，将毛巾、口罩捂住口、鼻，可当成防烟工具；利用绳索、布匹、床单、地毯、窗帘的连接来开辟逃生通道；利用各种劳动保护用品，如安全帽、摩托车头盔、工作服等作为遮挡物，以避免烧伤和被落物砸伤。

3. 利用建筑物现有设施逃生

发生火灾时，如果上述二种方法都无法逃生，可利用落水管、房屋内外的突出部分、门窗、建筑物上避雷线（网）逃生，或转移到安全区域。利用这种方法时，既要大胆又要细心，否则容易出现伤亡。

4. 寻找避难处所逃生

在无路可逃的情况下，应积极寻找避难处所。如到阳台、楼层平顶等待救援，选择火势、烟雾难以蔓延的房间，如卫生间等，关好门窗、堵塞间隙，房间如有水源，应立即将门、窗和各种可燃物浇湿，以阻止或减缓火势和烟雾的蔓延速度。无论白天或夜晚，被困者都应大声呼救或挥舞白色毛巾等，不断发出各种呼救信号，以引起救援人员的注意，帮助自己脱离困境。

三、火灾初发生扑救

（一）发现火情，沉着镇定

发现起火时，首先要保持沉着冷静，理智分析火情。如果是在火灾的初期阶段，燃烧面积不大，可考虑自行扑灭。如果火情发展较快，要迅速逃离现场，向外界寻求帮助。

（二）扑灭小火，争分夺秒

当刚发生火灾时，应争分夺秒，奋力将小火控制、扑灭；千万不要惊慌失措地乱叫乱窜，小火不顾而酿成大灾。

（三）小孩老人，逃生要紧

中小学生身体、心智都没有发育成熟，分析问题和处理问题的能力相对薄弱，自我保护能力不强，在火场上很可能因为对危险情况不能进行正确判断和处理而造成不必要的人身伤亡。所以，在我国任何单位和个人都不得组织中小学生参加灭火。对于孕妇、老年人和有较严重身体缺陷的残疾人，一般也不应该组织他们参加灭火。

（四）大声呼救，及时报警

"报警早，损失少"，一旦发现火情，既要积极扑救，又要及时报警。拨打火警电话时，接通后要首先确认是否是消防队，得到肯定回答后，即可报警。说清起火单位及其所在街、路、门牌号。要说清起火单位、着火物品和火势大小，是否有人被围困。要讲清报警人的姓名、所用电话的号码。

（五）生命至上，救人第一

火场上有人受到火势围困时，首要任务就是把受困人员从火场中抢救出来。救人与救火可同时进行，救火以保证救人来展开。

（六）火灾巧用工具

家用小型灭火器是扑救家庭火灾的不二之选。此外，也要学会巧用身边的灭火器材。水是家中最简单也是最有效、最方便的灭火剂，但电器、油锅着火，不能用水扑灭。另外，黄沙、用水淋湿的棉被、毛毯、扫帚、拖把、衣服等也可用作扑灭小火的工具。

（七）灭火器材，分类选择

常用灭火器按内部充装的灭火剂不同可分为清水灭火器、泡沫灭火器、干粉灭火器、二氧化碳灭火器等类型，不同类型的灭火器有其不同的适用场所。清水灭火器用以扑救木、竹、棉、毛、草、纸等一般固体物质初期火灾，不宜用于油品、电器设备等火灾。泡沫灭火器用来喷射泡沫扑救油类及一般固体物质初期火灾。干粉灭火器是目前使用和配备最多的一种灭火器，可扑救易燃液体、可燃气体、带电设备等的初期火灾。二氧化碳灭火器适用于扑救电器火灾、可燃液体火灾、贵重设备、图书资料、仪器仪表等场所的初期火灾。

（八）煤气泄漏，小心谨慎

万一家中发现了燃气泄漏，务必保持镇定，千万不要触动家中任何电器开关，更不能用打火机、火柴、手电筒照明检查，也不能在家中打电话报警。首先应迅速关闭气源，然后打开窗门，让自然风吹散泄漏气体，如需打电话报警，应到远离现场的地方进行。

（九）油锅起火，方法多多

油锅起火时千万不要用水往锅里浇，因为冷水遇到高温油会形成"炸锅"，使油火到处飞溅。

有以下几种方法可以有效扑灭油锅火灾：

（1）用锅盖盖住起火的油锅，使燃烧的油火接触不到空气，油锅里的火便会因缺氧而立即熄灭。

（2）用手边的大块湿抹布覆盖住起火的油锅，也能与锅盖起到异曲同工的效果，只是要注意覆盖时不能留下空隙。

（3）如果厨房里有切好的蔬菜或其他生冷食物，可沿着锅的边缘倒入锅内，利用蔬菜、食物与着火油温度差，使锅里燃烧着的油温度迅速下降。当油达不到自燃点时，火就自动熄灭了。

（十）电气火灾，断电第一

一般电气线路、电器设备的火灾，首先必须要切断电源，然后才考虑扑救措施。只有当确定电路或电器无电时，才可用水扑救，在没有采取断电措施前，千万不能用水、泡沫灭火剂进行灭火，因为水是导电的导体，着火电器上的电流可以通过水、泡沫等导体电击救火的人。对于电视机、微波炉等电器火灾，在断电后，用棉被、毛毯等覆盖住着火的电器，防止电器着火后爆炸伤人，再把水浇在棉被、毛毯上，才能彻底进行灭火。

（十一）房间着火，门窗慎开

如果封闭的房间里着火，看到浓烟和火焰时，应立即盛水浇灭火焰，不要打开门窗。因为门窗一开，房间里的空气就会与室外的空气形成对流，这就等于给房间里的大火加添助燃剂，会助长火势蔓延。

（十二）火势凶猛，撤退求援

如果火越烧越大，参加灭火的人员应迅速撤离火场，等待消防队前来救援。

幼儿园食堂安全知识培训

一、学校食堂卫生管理的有关法律法规

（1）《中华人民共和国食品卫生法》1995年10月30日公布实施。

（2）《学校卫生工作条例》1990年6月4日发布实施。

（3）《学生集体用餐卫生监督办法》1996年8月27日发布实施。

二、食堂从业人员和分餐人员的卫生要求

（1）学校食堂从业人员及外购集体用餐的分餐人员（包括临时工），必须每年进行一次健康体检，取得健康合格证后并经卫生知识培训合格后方可上岗。

（2）凡患有痢疾、伤寒、病毒性肝炎等消化道传染病（包括病原携带

者）、活动性肺结核、化脓性或渗出性皮肤病以及其他有碍于食品卫生疾病的，不得从事食堂工作与集体用餐的分餐工作。食堂的管理人员要经常检查从业人员是否有刚才说的疾病，手是否受伤，一旦发现应立即调离工作岗位。

（3）食堂从业人员及集体用餐人员出现咳嗽、腹泻、发热、呕吐等病症时，应立即查明病因，排除有碍食品卫生的病症或治愈后，方可重新上岗。

（4）提供学生营养餐的食品生产经营单位（包括学校食堂）必须配备营养师或培训合格的营养配餐员。

（5）食堂负责人、卫生管理员亦必须进行食品卫生法律法规和卫生知识培训后方可上岗。

（6）食堂从业人员和集体用餐的分餐人员应有良好的卫生习惯。必须做到：处理原料后、便后、食品加工操作前用流水彻底洗手，接触直接入口的食品前双手还应进行消毒；工作时应穿戴干净的工作衣帽；出售食品或分餐时应戴口罩。不得留长指甲、戴戒指、涂指甲油；不得有面对食品打喷嚏、咳嗽及其他有碍食品卫生的行为。

三、食堂采购人员要注意的事项

（1）食堂采购人员要严格把好食品采购关。在采购食品时，必须确认食品生产经营者持有有效的食品卫生许可证，禁止向无卫生许可证的经营者购买食品。

（2）采购畜禽肉类原料时，必须索取兽医卫生检验单位出具的检验合格证明。

（3）采购定型包装食品时，必须索取产品的检验合格证或化验单。《中华人民共和国食品卫生法》第25条规定："食品生产经营者采购食品及其原料，应当按照国家有关规定索取检验合格证或者化验单，销售者应当保证提供"，即食品生产经营者在采购食品时，有向销售者索取检验合格证或化验单的权利，同时也是为保证所采购的食品及其原料的卫生应履行的义务，销售者有向购买者提供检验合格证或检验单的义务。

禁止采购的食品：

（1）腐败变质、油脂酸败、霉变、污秽不洁、混有异物或其他感官性状异常的。

腐败变质：一般认为腐败变质是食品经过微生物作用使食品中一种成分或多种成分发生变化，感官性状发生改变而丧失可食性的现象。这种食品一般含有大量的微生物，而且可能含有致病菌，从而易于造成食物中毒。

油脂酸败：指油脂和含油脂的食品，在贮存过程中经生物、酶、空气中的氧的作用，而发生变色、气味改变等，常可造成不良的生理反应或食物中毒。

霉变：指霉菌污染繁殖，有时表面可有菌丝和霉变现象，有可能产生毒素。霉变食品可造成食物中毒或死亡。

（2）含有有毒、有害物质或被有毒有害物质污染的。

有毒、有害物质包括：

① 食品本身含有有害物质（如河豚鱼、毒蘑菇）。

② 在一定条件下产生毒素（发芽土豆产生龙葵素，死亡的鱼类产生组织胺）。

③ 含有致病性微生物或产生毒素物质（如葡萄球菌产生肠毒素）。

④ 被有毒、有害物质污染的食品，包括生物性污染、化学性污染、放射性污染等。

⑤ 食品中过量添加某些化学物质或包装容器中有毒、有害物质的迁移等原因造成食品污染。

以上食品必须立即采取措施禁止生产、经营。

（3）未经兽医检验或检验不合格的肉类及其制品。

（4）超过保质期限的。

（5）标签、标识不完整的定型包装食品。

定型包装食品：按一定数量、一定标志并有固定包装时构成的一些零售单位的包装食品。

（6）其他不符合食品卫生要求，可能对人体健康有害的。

四、食物中毒的有关知识

（一）什么是食物中毒

食物中毒是指摄入了含有生物性、化学性有毒有害物质或者把有毒有害物质当作食品摄入后出现的非传染性（不属于传染病）的急性、亚急性疾病。一般认为，凡是由于食用各种"有毒食物"所引起的以急性过程为主的疾病，可以统称为"食物中毒"。正常情况下，一般的食物并不具有毒性。食物产生了毒性并引起食物中毒往往是由于下列原因：

（1）某些致病性微生物污染食品并急剧繁殖，以致食品中存在大量活菌或产生大量毒素。（有些细菌是可以产生毒素的）

（2）有毒化学物质混入食品。

（3）食品本身在一定的条件下含有有毒成分，如河豚鱼、毒蘑菇。

（4）食品贮存过程中，由于贮存不当而产生了毒素，如土豆发芽产生龙葵素。

（5）某些外形与食物相似，本身含有有毒成分，被误作食物而误食，也可引起中毒。

（二）食物中毒的特点

（1）病人在相近的时间内都食用过同样的食物，发病范围局限在食用该种有毒食物的人群，未食用者不中毒，一旦停止食用这种食物，发病很快停止。

（2）潜伏期短、来势凶猛，来势急剧，短时间内（几小时）可能有大量的病人同时发病。

（3）所有病人有类似临床症状，即发病症状相同。

（4）人与人之间不直接传染。食品从生产加工直到销售食用整个过程中有很多情况和因素可以使食品具有毒性，所以我们要了解食品整个加工过程和加工过程中的各个环节，防止食物受到污染。

（三）食物中毒事故的处理

1. 报告

一旦发现食物中毒事故和肠道传染病，应立即报告当地卫生行政部门，并应保留现场，封存可疑食品和食用具，以便查清原因。发现重大病情，当地卫生和教育行政部门应逐级报告至省卫生厅和省教育厅。

2. 学校食物中毒事故行政责任追究

为加强学校食品卫生管理，预防学校食物中毒事故发生，落实管理责任，保护学校师生身体健康和生命安全，依据《中华人民共和国食品卫生法》《突发公共卫生事件应急条例》《国务院关于特大安全事故行政责任追究的规定》《国务院关于进一步加强食品安全工作的决定》《学校食堂与学生集体用餐卫生管理规定》《食物中毒事故处理办法》等规定，制定了《学校食物中毒事故行政责任追究暂行规定》，其中规定了学校的主要负责人是学校食品卫生管理的第一责任人。学校的食物中毒事故是指由学校主办或管理的校内供餐单位以及学校负责组织提供的集体用餐导致的学校师生食物中毒事故。食物中毒事故按严重程度划分为以下三类。

（1）重大学校食物中毒事故，是指一次中毒100人以上并出现死亡病例，或者出现10例及以上死亡病例的食物中毒事故。

（2）较大学校食物中毒事故，是指一次中毒100人以上或者出现死亡病例的食物中毒事故。

（3）一般学校食物中毒事故，是指一次中毒99人以下，未出现死亡病例的食物中毒事故。

幼儿园意外事件的防范与处理安全手册

　　意外事故的发生是一件让人非常遗憾的事，尤其发生在判断力薄弱的幼儿身上，会更加令人担忧。因此，教职工和幼儿都需了解一定的安全常识和危机意识，并加以防范，将伤害降到最低。

一、意外事件发生的种类

　　（1）身体不适（发烧、呕吐、惊厥、腹痛等）。

　　（2）跌倒或撞伤（表皮擦伤、裂伤、软组织损伤，创伤性出血，骨折，脱臼，器官异物等）。

　　（3）割伤或刺伤。

　　（4）烫伤或咬伤。

　　（5）中毒（食物中毒、煤气中毒）。

　　（6）上下楼梯时不小心滚落。

　　（7）失踪。

　　（8）交通事故。

　　（9）自然灾害（如火灾、地震、水灾等）。

　　（10）窒息。

　　（11）被冒领走失。

二、意外伤害发生的基本原因

　　（1）教师管理不周、疏于照顾。

（2）没做好教学设施的安检工作。

（3）幼儿精神不集中。

（4）幼儿身体不适。

（5）幼儿活动量过度。

（6）没有落实好安全教育。

三、常见突发事件

幼儿园可能发生的意外事件，因种类的不同，有不同的预防措施及应变措施，下面介绍几种常见意外事件的原因、预防及应变措施。

（一）突发事件：发烧

1. 可能原因

（1）感冒。

（2）病毒或细菌感染。

（3）相互传染。

（4）疾病引起并发症。

（5）气候突变。

2. 预防措施

（1）平时多细心观察幼儿，若有异常现象，如精神状态不好、面色潮红、呼吸急促、呕吐、头痛、皮疹等，第一时间通知保健医和家长，及时就医。

（2）天气变化时，及时提醒家长为幼儿增减衣物。

（3）若教师或幼儿患传染性疾病，则应暂时休息，不宜到园所上班或上课，以免交叉感染。

（4）保健室必备物品包括冰袋、体温计、急救箱、酒精、碘伏等。

3. 应变措施

（1）通风散热，解开衣服。

（2）测量幼儿体温，若在38.5摄氏度以上，除多喝温开水外，可使用冷毛巾、冰袋等，第一时间联络家长，经其同意后送医。

（3）若幼儿出现高烧症状，并有严重呕吐、下痢、呼吸困难、痉挛、抽筋等症状时，须立即送医后联络家长。

（4）每2小时测体温1次。

（二）突发事件：呕吐

1. 可能原因

（1）食物过敏。

（2）感冒或身体不适。如上呼吸道感染、支气管炎等。

（3）急性肠胃炎、腹痛、盲肠炎、肠套叠、机械性或功能性肠梗阻等。

（4）先天异常，如咽食过快、过急；心理障碍，厌食。

（5）其他：喂养不当，各种食物中毒或药物中毒，美尼尔症、再发性呕吐、晕车船等。

2. 预防措施

（1）注意食物卫生。

（2）定期健康检查，便于早发现有无先天异常幼儿。

（3）幼儿入园时，可从幼儿入园体检表、健康体检表中了解幼儿对何种食物过敏，在园期间应避免食用。

3. 应变措施

（1）呕吐后，立即清理污物，并以温水擦拭身体。

（2）不适宜再吃食物，只可饮用白开水。

（3）保持空气流通。

（4）呕吐严重且伴随腹痛时，应立即送医。

（5）先天异常所造成的呕吐，应依医生指示处理。

（6）电话联系家长，告知幼儿目前情况及园所处理情形。

（三）突发事件：痢疾

1. 可能原因

（1）急性肠炎。

（2）吃到不洁食物。

（3）食物过敏。

（4）发烧、呕吐。

2. 预防措施

（1）幼儿入园时，可从幼儿入园体检表、健康体检表中了解儿对何种食物过敏，在园期间应避免食用。

（2）注意食物的卫生清洁。

（3）注意发烧、呕吐时是否引起痢疾。

3. 应变措施

（1）可食用苹果改善。

（2）饮用粥或白开水，以防脱水现象。

（3）注意肛门的清洁卫生。

（4）进食量以少量多餐为宜。

（5）经家长同意后送医。

（四）突发事件：腹痛

1. 可能原因

（1）幼儿为引起老师注意而假装。

（2）幼儿因心理不满而撒娇。

（3）疾病。

儿内科疾病：急性胃炎、胃肠炎、肠痉挛性绞痛、肠及胆道蛔虫症、病毒性肝炎、尿路感染等。

儿外科疾病：急性阑尾炎，胃和十二指肠溃疡和穿孔，肠套叠等。

（4）食用不洁食物。

2. 预防措施

（1）平时注意幼儿心理反应，多给予鼓励与沟通。

（2）注意环境清洁。

（3）注意食物卫生、保存期限等。

3. 应变措施

（1）观察幼儿腹痛部位和疼痛反应情况，以确定其原因。

（2）如肠痉挛让其大便或喝些温开水可缓解。

（3）以电话通知家长，经家长同意后送医，并告知幼儿目前情形及园所处理情形。

（五）突发事件：口腔痛

1. 可能原因

（1）蛀牙。

（2）发炎。

（3）口腔炎、流行性腮腺炎。

2. 预防措施

（1）平时注意幼儿饮食习惯，吃完甜点后立即漱口。

（2）如有蛀牙，应立即治疗，以防止继续恶化。

（3）鼓励幼儿养成早晚刷牙的好习惯，保持口腔清洁。

3. 应变措施

（1）轻微牙疼可以用温开水漱口。

（2）若为蛀牙引起疼痛，宜将蛀牙处食物清除后，用温开水或20%的碳酸水溶液漱口。

（3）如为口腔破裂，勿随意擦抹药物，以免幼儿误食。

（4）以电话告知家长，经同意后送医治疗，并告知幼儿目前情况及园所处理情形。

（六）突发事件：惊厥

1. 可能原因

（1）高热引起的惊厥。

（2）家族遗传。

（3）低钙低糖引起。

2. 预防措施

（1）有高热病儿，必须及时降低高热。

（2）惊厥发作时，应进行紧急止惊，同时注意观察抽搐情况。

3. 应变措施

（1）保持呼吸道畅通，防止窒息。

（2）专人守护，防止意外损伤。

（3）控制惊厥，及时送医院并通知家长。

（七）伤害事件：撞伤

1. 可能原因

（1）建筑物设计不良。

（2）幼儿重心不稳以致跌倒。

（3）跑太快撞到别人或墙壁、桌椅等物体。

（4）由高处跌下撞到头或身体。

2. 预防措施

（1）平日多让幼儿做平衡动作及游戏。

（2）随时保持地板干净及地面干爽。

（3）落实幼儿常规训练。

3. 应变措施

（1）撞及头部或身体，有外伤时，应立即用干净纱布压住伤口并送医急救。

（2）伤及手脚且有疼痛、变形或骨折现象，不可随意移动，应立即送医。

（3）身体部位轻微淤青或有脓包时，用毛布包裹冰块敷于伤处，并注意其反应。

（4）若撞及头部无外伤时，应随时观察，若有特殊情形立即送医。

（5）以电话告知家长，经同意后送指定医院，同时告知幼儿目前情况及园所处理情形。

（八）伤害事件：蜇伤

1. 可能原因

（1）被蚊虫叮到。

（2）被蜜蜂蜇伤。

（3）被其他虫类咬到。

2. 预防措施

（1）平日做好环境清洁，定期做好班级卫生消毒工作。

（2）户外教学时要特别注意周围环境是否有毒蜂或蚊虫。

（3）协助市爱卫会做好园所卫生消毒工作。

3. 应变措施

（1）若被蚊虫咬伤，可用水把伤处清洁干净，并涂上药膏止痒。

（2）若在户外场所被蜜蜂蜇伤，可用1%—3%的氯水沾在湿布上，再敷于伤口。

（3）立即送医急救，并告知家长园所处理情形。

（九）伤害事件：烧、烫伤

1. 可能原因

（1）热汤伤及身体。

（2）火灾时火苗伤及身体。

（3）爆炸时引起烧伤。

2. 预防措施

（1）严禁热菜热汤入班级。

（2）幼儿食品应放在教室固定的地方，且不宜放在高处以免幼儿撞倒。

（3）注意容易引起火灾的地方，例如厨房、电源、车辆等。

（4）定期检查煤气管道、电源等。

（5）园所内备好灭火器，定期检查其使用期限。

3. 应变措施

（1）立即用凉水冲泡降温，并将衣物慢慢脱掉（如烫伤严重，衣物用剪刀剪开），同时保持伤口清洁。轻度烧（烫）伤的，可用龙珠软膏涂抹局部。

（2）面积较大的不要在伤口上涂抹任何药物，应立即送医，并派专人照顾。

（3）通知家长说明原委，同时告知幼儿目前情况及园所处理情形。

（十）伤害事件：溺水

1. 可能原因

不小心跌入池塘或水池中，以致溺水。

2. 预防措施

（1）幼儿游泳时需有老师及救生人员在场。

（2）事先做好水深测量工作，太深处不要让幼儿接近。

（3）户外教学不带幼儿经过水池或池塘边，以免发生危险。

3. 应变措施

（1）让幼儿平躺，头微侧，用手伸入口腔将异物取出。

（2）将幼儿腹部置于成人膝盖处，头往下方，迫使水吐出。

（3）用外套盖住幼儿，以免着凉。

（4）立即送医急救。

（5）通知家长说明原委，同时告知幼儿现况及园所处理情形。

（十一）伤害事件：器官异物

1. 可能原因

（1）幼儿将玩具塞入耳、鼻。

（2）误吞食玩具或物品。

（3）昆虫飞进耳、鼻、眼。

2. 预防措施

（1）园所玩具尽量买体积较大的。

（2）平日教导幼儿不可将玩具塞入耳、鼻、口中。

（3）常规训练教导幼儿不要将家中玩具带到园所。

（4）注意大环境清洁，避免蚊虫滋生。

3. 应变措施

（1）蚊虫进入眼中，可用生理盐水冲洗。

（2）先确定玩具塞入部位及程度。

（3）昆虫进入耳中，可用灯光引出，或滴一滴沙拉油，侧头让昆虫随油流出。

（4）严重者则立即送医。

（5）通知家长说明原委，同时告知幼儿现况及园所处理情形。

（十二）伤害事件：触电

1. 可能原因

（1）漏电。

（2）用潮湿的手触碰电源。

（3）玩电源、电线或电器用品。

2. 预防措施

（1）定期检查电源、电线，以免漏电。

（2）教导幼儿不要玩电源、电线、插座、电器用品等。

（3）规划园所建筑物时，电源、插座不可设在幼儿可触碰到的地方。

（4）在电源、插座处贴上危险标志。

3. 应变措施

（1）立即切断电源。

（2）用绝缘物体，将电源隔开。

（3）将幼儿移至安全地方，立即就医。

（4）通知家长说明原委，并告知幼儿现状及园所处理情形。

（十三）伤害事件：食物中毒

1. 可能原因

（1）食物食用前已腐烂变质。

（2）食物冲洗不干净，有残留农药或附着物。

（3）食物加工过程中不卫生，有微生物繁殖。

（4）饮用水源受到污染，饮用前未彻底灭菌。

（5）厨房餐饮具清洗不干净，使用前未消毒。

（6）餐饮具材质不合格，使用不耐高温容器盛食物。

（7）操作过程中，加工不洁食物。

（8）食堂从业人员带病上岗。

（9）食物没煮熟煮透。

（10）食用本身含有毒性的动植物。

（11）食物因储存不当，自身产生了毒素。

2. 预防措施

（1）与供货单位签订供货合同，确保"三证一报告"齐全。

（2）严把食品采购关。

（3）杜绝食用含添加剂多的食品。

（4）购货、进货时食品数量应适当控制。

（5）购买有效洗涤的餐具洗涤杀菌设备。

（6）杜绝使用不耐高温的容器盛食物。

（7）食品保存应放置固定的橱柜内。

（8）食堂从业人员要注意个人卫生。

（9）食堂从业人员每半年进行一次健康体检。

（10）定期对食堂从业人员进行培训。

（11）注意厨房清洁，定期做好扫除工作，以免细菌滋生。

3. 应变措施

（1）协助中毒者喝牛奶或蛋清，催其呕吐。

（2）用大量温开水冲淡胃内食物，以减轻中毒伤害。

（3）保留现场及所食用食物，以利于市疾控部门进行化验。

（4）紧急送医。

（5）通知家属，安排人员照顾病患。

（6）随时与医护人员取得联络，加以配合。

4. 善后措施

（1）由市疾控部门检验后向家属提出原因说明。

（2）针对事件原因，应做彻底检查。

（3）追踪慰问，直到完全康复。

（4）派专人面对媒体，统一答复。

（十四）伤害事件：火灾

1. 可能原因

（1）使用电器不当或电力超载。

（2）使用气体燃料的器具，平常疏于检修保养。

（3）随手丢烟头。

（4）存放的燃料因高温而发生火灾。

（5）受邻近火灾波及。

（6）因闪电引起。

（7）因地震引起。

（8）蓄意纵火。

2. 预防措施

（1）电器。

①定期检修电源、线路，若陈旧、破损需立即更换。

②插座的使用不超过安全的负载电量。

③电器的装置，应保持安全间距，定期检修。

④下班后，应将室内电器关闭。

（2）气体燃料。

①定期检查使用炉具的输气管及接头部位，若有漏气，应立即关闭开关阀门，并作紧急处理。

②容器放置时应避免日光直射或任意倒置，容器及炉具放置时，应保持间距一厘米。

（3）安全防护。

①成立消防小组，平时加以演练，遇状况发生时，才能临危不乱，第一时间实施抢救。

②规划园内消防设备的配置及逃生路线，并于出口处，安置逃生指示灯，

定期检查。

③ 灭火器材需挂置通道或明显处，定期更换药剂，所有教职工都应熟练灭火器材的操作方法。

④ 将安全教育融入幼儿日常教学中，并就可能发生的状况模拟演练。

⑤ 在园内明显位置，张贴禁烟标志。

⑥ 危险性物品及有机溶剂，应妥善管理，并制定存放场所，非指定人员不得进入。

⑦ 厨房内装灭火器，安装位置以取用方便为宜。

⑧ 严禁非食堂从业人员进入厨房。

3. 应变措施

（1）确认起火地点及其大小、原因，以便采取不同的灭火措施。

（2）速拨119救火电话。

（3）煤气漏气造成火灾时，立即关闭电源，以灭火器灭火。

（4）电线走火要立即关闭电源，以灭火器灭火（切忌用水灭火）。

（5）立即用广播通知园所人员将幼儿带到安全地带。

（6）教职工要妥善照顾幼儿安全撤离，且随时清点人数。

（7）消防人员到达后，立即说明起火地点及燃烧种类，以及水源位置。

（8）切记火灾发生时的逃生步骤：

① 浓烟会使人窒息，可用湿毛巾或透明塑胶袋空套于头部，以增加存活率。

② 逃生时姿态要低（最好采取爬行前进），因烟是往上升，低处有空气，可供逃生者使用。

③ 火场浓烟会使能见度很差，若无照明物品，可采低姿态以手触摸，沿墙角找寻出口逃生。

④ 要逃出门时，先用手触摸一下门锁是否烫手，若烫手则门外必有大火，不可由此处逃生；若门外有浓烟，则先准备好空气袋，再逃出去。

⑤ 被关在房内并有浓烟时，需敲破两边窗户，空气因对流，可减少窒息伤亡，再设法逃生。

⑥ 若无窗户，应速往外逃生，逃出时先用湿毛巾盖住身体，并准备空气袋以减少伤害。

⑦ 若是由楼下起火，火势不是很烈时，尽可能往下逃；如果往顶楼逃，须

181

在顶楼等待救援，千万别贸然往下跳。

⑧ 逃生时要尽可能地大声呼叫，让救援人员知道其位置，适时将其带离火场。

4. 善后措施

（1）对家长说明原委，并进行相关事件的处理。

（2）指派专人照顾送医者，安抚幼儿家长。

（3）召集相关人员召开检讨会议，并处理善后事宜。

（4）指派专人面对媒体，统一发言。

（十五）伤害事件：绑架

1. 可能原因

（1）财务纠纷。

（2）家庭纠纷。

（3）敲诈勒索。

（4）其他。

2. 预防措施

（1）园所人员应如实了解来访者的身份及用意。

（2）严禁陌生人进入校园内。

（3）严禁泄露幼儿资料。

（4）教师应了解幼儿的家庭背景及家庭状况。

（5）严格落实园所接送卡制度。

（6）园所应备有辖区派出所的联系电话及联络人。

（7）加强幼儿危机意识教育，切不可随意在外逗留。

3. 应变措施

（1）园所内成立危险处理小组，一旦有突发事件发生，立即启动应急预案，第一时间通知家长。

（2）指派专人接听电话，尽可能录音，延长电话通话时间。

（3）推测最有可能的绑架时间，仔细收集歹徒遗留的所有线索，交给警方，并且保持现场原状。

（4）报警的时候务必保密，以防歹徒在附近观察。

（5）除相关人员外，知道的人员越少越好。

（6）园所继续保持正常运作，以免幼儿感到害怕。

（7）指派专人安慰家长，共同商讨，寻找可疑人、事、物等线索。

4. 善后措施

（1）园所须派人员陪同幼儿家属，直到幼儿安全归来。

（2）幼儿返家后，进行心理疏导。

（3）追究责任，彻底检讨原因，以确保不再发生类似事件。

（4）若非当事人同意，尽量不让媒体采访当事人。

（十六）伤害事件：失踪

1. 可能原因

（1）幼儿主动离开园所，未被教师或保安人员发现。

（2）外人进入园所将幼儿带走。

（3）工作不尽责，未待幼儿离园后再离开。

（4）户外活动时，老师未点名。

2. 预防措施

（1）加强门禁管理并派专人看护。

（2）教师要确实掌握幼儿在园内一切行踪。

（3）园所大门及出口位置，尽可能规划一起，专人负责。

（4）严格落实幼儿接送卡制度。

（5）户外活动时，本班教师要随时清点幼儿人数。

3. 应变措施

（1）派人分头到园所各处寻找，确定幼儿是否还在园内。

（2）快速和家长联络，并说明原委，请其过滤幼儿失踪的原因及可能去的地方，视情形再报警处理。

4. 善后处理

（1）无论园所有无责任，皆要陪同家属直到幼儿安全归来。

（2）追查责任，彻底检讨原因，确保以后不再发生类似事件。

（3）事件告一段落，园所及家长双方应给予幼儿心理方面的疏导。

（4）面对媒体，由专人统一对外发言。

附：

户外游戏场所安全检视表如表2-4所示。

表2-4

检查项目	检查内容
结构	是否弯曲、歪斜、破裂、松脱、断裂？
器材表面	有无保护层？是否生锈、腐蚀？是否有裂缝、有碎片？是否有有害的防腐剂或油漆？
夹角或压点	注意能移动部分的接合点，及暴露于外的部分。
手扶栏杆或安全装置	是否弯曲、破裂、松脱？
楼梯和爬梯	是否遗失、破裂、松脱？
大型玩具	是否遗失、破损、松脱？是否有尖锐的角？
器材下的保护垫	是否够大？是否足以保护？是否足以包括可能影响之区域？是否干净？排水是否通畅？

消防设备维修表如表2-5所示。

表2-5

类别	检查保养部分	检查及保养要领	处置方法
灭火器	干粉灭火器	1. 每三个月检查附属的小钢瓶内二氧化碳气体重量一次，若减少时应及时补充。 2. 药剂如受潮湿，即呈现凝结块，不能使用，应及时更换。 3. 药剂填充后，详细填写有效日期，如果在有限日期内，有前两项状况，仍应更换。 4. 灭火器钢瓶是否生锈或破损？ 5. 喷嘴口有无堵塞不通状况？	报请负责人，请厂商检修或更换
扩音设备	扩音机	1. 扩音机经常试话，看效果是否良好。 2. 常用紧急电源，供电情形是否正常	有状况应立即报修
紧急逃生设备	安全门	1. 安全门上方出口标示灯是否良好？ 2. 安全门是否为防火构造。 3. 安全门是否擅自加锁，妨碍逃生	立即改善。应即报修并向管辖消防分队报备
	安全梯	1. 安全梯间有无依规定，装置紧急照明灯？ 2. 安全梯间有无堆积物品或其他妨碍逃生事物？	应即报请补装。应即报请负责人清除

续　表

类别	检查保养部分	检查及保养要领	处置方法
紧急逃生设备	紧急逃生通道	1. 紧急逃生通道有无堆积物品，或妨碍逃生事物？ 2. 逃生通道上有无装置有效紧急逃生照明设备，其配置位置及数量是否恰当。 3. 逃生通道上，有无在适当处所，装置避难方向指示灯。 4. 园内适当处所，有无明显的紧急避难路线指示图	立即改善
报警设备		1. 检查手动报警机、火警铃，火警标示是否完整。 2. 火警标示是否已经亮灯，而且明显。 3. 试按报警机，火警铃是否会鸣动	立即改善。 应报请负责人设法改善

安全与突发事件的总体应急处置预案

一、总则

（一）编制目的

为提高我园对重大突发事件应急处置能力，及时有效地处置幼儿园安全事故，最大限度地减少师生伤亡和经济损失，保证正常的教学生活秩序，维护幼儿园的安全稳定，确保我园教育事业健康、协调发展，根据国家有关的法律法规，结合我园实际，制定本预案。

（二）编制依据

本预案依据以下法律法规、地方性规章，以及技术规范和标准等：《中华人民共和国教育法》《中华人民共和国消防法》《中华人民共和国安全生产法》《中华人民共和国防震减灾法》《中华人民共和国传染病防治法》《中华人民共和国治安管理处罚法》《中华人民共和国防汛条例》；国务院《突发公共卫生事件应急条例》《中华人民共和国突发公共事件应对法》《山东省突发事件总体应急预案》；教育部颁布的《中小学幼儿园安全管理办法》等国家和地方法律法规。

（三）适用范围

本预案适用我园应对各类安全和突发事件的应急处置工作。

（四）分类分级

1. 安全和突发公共事件的定义

本预案所指的安全和突发公共事件，是指突然发生，造成或者可能造成严重社会危害，需要采取应急处置措施予以应对的社会安全事件、事故灾难、公共卫生和自然灾害。主要包括以下方面。

（1）社会稳定类突发事件。包括：园内外涉及教职工的各种非法集会、游行、示威以及集体罢课、上访等群众性事件，各种非法传教活动、政治性活动，针对师生的各类恐怖袭击事件，师生非正常死亡、失踪等可能会引发影响幼儿园和社会稳定的事件等。

（2）安全事故类突发事件。包括：幼儿园楼堂馆舍等发生的火灾、建筑物倒塌、拥挤踩踏等安全事故，幼儿园安全交通事故，大型群体活动公共安全事故，造成重大影响和损失的后勤供水、电、热等事故，重大环境污染等影响幼儿园安全与稳定的其他突发灾难事故等。

（3）公共卫生类突发事件，即突然发生并造成或者可能造成师生健康严重损害的事件。包括发生在幼儿园内的突发公共事件，幼儿园所在周围发生的可能对师生健康造成危害的突发公共卫生事件，如乙类和丙类传染病、鼠疫、手足口病等。

（4）自然灾害类突发事件。包括：气象、水灾、地质、地震灾害以及由地震诱发的各种次生灾害等。

（5）网络与信息安全类突发事件。包括利用校园网络发出有害、虚假等信息，进行煽动、色情、迷信等宣传活动；窃取幼儿园保密信息，可能造成严重后果的事件；各种破坏幼儿园网络安全运行的事件。

各类安全和突发事件往往是相互交叉和关联的，某类突发事件可能和其他类别的突发事件同时发生，或引发次生、衍生事件，应当具体分析，统筹应对。

2. 安全和突发公共事件的分级

各类安全和突发事件按照其性质、严重程度、可控制性和影像范围等因素，一般分为四级：特别重大、重大、较大和一般。

《山东省特别重大、重大、较大和一般突发事件分级标准》作为安全和突发事件信息报送和分级处置的依据。本预案主要是针对幼儿园发生的较大和一般安全突发事件。

3. 幼儿园安全和突发事件具体范围

（1）火灾事故：指因幼儿园管理不善引发的幼儿教卧室、仓库、图书室、食堂等失火行为造成人员伤亡的，造成经济损失的。

（2）交通事故：幼儿园组织的集体活动中发生交通事故造成人员伤亡的，造成经济损失的。

（3）重大危险品安全事故：指幼儿园药物等危险品在使用、储存、运输过程中因管理不善等原因致使大量有毒、有害物质泄漏、扩散，造成人员伤亡的。

（4）房屋、围墙、厕所倒塌等安全事故：指幼儿园建筑物发生坠落坍塌、倾倒等造成人员伤亡的，造成经济损失的。

（5）特种设备重大安全事故：指幼儿园压力管道、天然气管道等因管理使用不当而发生爆炸、倾倒、触电造成人员伤亡的，造成经济损失的。

（6）大型活动安全事故：指幼儿园组织的园内外大型活动中，因管理不善、组织不力导致人员伤亡的，造成经济损失的。

（7）外来暴力侵害事故：指外来人员非法侵入幼儿园，因管理不善，措施不当而造成人员伤亡的，造成经济损失的；恐怖分子入园制造爆炸、放火、劫持伤害、投放危险物质等恐怖案件的。

（8）食物中毒事故：指幼儿园违反《中华人民共和国食品安全法》，玩忽职守、疏于管理，造成师生食物中毒或者其他食源性疾患的。

（9）外出参观、学习、考察等活动安全事故：指幼儿园组织师生外出活动时发生人员伤亡的，造成经济损失的。

（10）楼梯间拥挤踩踏事故：指幼儿园对幼儿楼梯间疏导不力，或缺少应急照明设施，发生人员拥挤踩踏造成人员伤亡的，造成经济损失的。

（11）公共卫生事故：指突然发生并造成或者可能造成幼儿园师生健康严

重损害的事件，包括发生在幼儿园的突发公共卫生事件，幼儿园所在地区发生的可能对师生健康造成危害的突发公共卫生事件。

（12）自然灾害事故：指幼儿园或其幼儿遭受洪水、暴雨、雷击、地震等侵害，导致人员伤亡的或造成重大经济损失的。

（13）网络与信息安全类突发事件：指利用幼儿园网络发送有害、虚假信息，破坏幼儿园网络安全运行，窃取幼儿园保密信息，造成社会不稳定或幼儿园经济损失的。

（五）工作原则

1. 坚持统一指挥、快速反应的原则

（1）迅速启动预案，应急处置工作小组在第一时间赶到现场，深入一线、掌握情况、开展工作。

（2）抓早抓小，以快制快，尤其是一些政治事件和群体事件，要消灭在萌芽状态，在没有形成气候时尽快解决。

2. 坚持分级负责、属地管理的原则

（1）启动相应的应急预案，该报告的要及时报告，请政府协助解决。

（2）严格落实幼儿园是维护安全稳定的第一责任人，对本单位全面负责。

3. 坚持有效控制、就地解决的原则

（1）要尽可能控制在幼儿园，不要扩散，尽可能控制在一定范围内，防止矛盾激化。

（2）要做到合情合理、依法处理，维护广大师生的合法权益。

4. 坚持系统联动、联防、联控的原则

幼儿园内部要与幼儿园外部（包括街道、公安、卫生等）联动，发挥多部门联防联控作用，发挥有关部门的主体责任作用。

5. 坚持以人为本、依法处理的原则

（1）把人的生命健康安全放在首位。

（2）要正确处理两种不同性质的矛盾，动之以情、晓之以理，可散不可聚，可顺不可激，以教育疏导为主，及时化解，防治激化矛盾，但对坚持错误、不听劝阻、蓄意挑起事端的人要依靠有关部门严肃查处。

6. 坚持预防为主的原则

（1）加强宣传和培训教育工作，提高广大师生员工自救、互救和应对各类突发事件的综合能力。

（2）做好应对安全和突发事件的各项准备工作。

二、组织系统

（一）领导机构

幼儿园成立以园长任组长，分管园长为副组长，其他副园长、安全办主任、级部主任、后勤人员为成员的幼儿园安全和突发事件应急处置领导小组（以下简称领导小组）。

领导小组主要职责：负责统一决策、组织、指挥幼儿园各类安全和突发公共事件的应急行动，下达应急处置工作任务；负责向相应主管部门和单位通报情况，协调相应部门和单位开展应急处置工作；重大问题及时向市局请示报告。

（二）工作机构

针对各类突发公共事件，领导小组下设专项应急处置工作组。

组　　长：胡文峰

副组长：姚　慧　荆　涛　王　敏　杨卿文　张　亮

　　　　王黎明　马福奎　徐田田　刘淑艳

成　　员：郭会静　高　艳　刘存路　杨　晴　吕　静

　　　　陆贝贝　李丽华　张丽丽　马　芬　刘进法

　　　　陈甄云　王俊玲　各班班主任（具体人名略）

1. 负责社会稳定类突发事件应急处置工作组

主要职责为：统一决策、组织、指挥幼儿园涉及社会安全类突发事件的应急处置行动；研究确定事件性质、类型和级别，下达应急处置任务；及时前往事发地配合地方和有关部门现场指挥；督察事发地幼儿园和相关部门的处置工作。

2. 安全事故突发事件应急处置工作组

主要职责为：组织指导幼儿园开展防范火灾、交通、建筑物坍塌等事故的应急模拟演练及有关突发事件的应急处置行动；研究确定事件性质、类型和级别，下达应急处置任务，提出有关对策和措施；对较大安全事故，在接到报告后，要立即赴现场参与和指导处置，配合有关部门参加安抚慰问和事故调查工作。

3. 公共卫生类突发事件应急处置工作组

主要职责为：对幼儿园突发公共卫生事件进行紧急处理；及时收集突发公共卫生事件的相关信息，并适时向主管部门、市教育局、卫生防疫站部门汇报；提出幼儿园紧急应对突发公共事件的政策、措施，下达应急处置任务。

4. 自然灾害类应急处置工作组

主要职责为：在市局自然灾害应急指挥部门的领导下，积极配合相关部门进行应对处置工作；根据灾害情况，认真分析对幼儿园所产生的影响，及时做出决策；深入现场协调处置工作，控制事态发展。

5. 网络与信息安全类突发事件应急处置工作组

主要职责为：通过技术手段对有关信息网设计教育的内容、校园网有害信息等实施24小时监控；及时处置重大有害信息在校园网上大面积传播、校园网系统遭受大范围黑客攻击和计算机病毒扩散事件；及时处置和报告校园网遭受园内外攻击或不可控制的大型安全事件。

三、应对处置

（一）信息报告

1. 报告责任主体

突发事件发生时有关人员立即上报安全工作领导小组主要责任人。组长根据情况是否启动应急处置预案，及时将有关情况向当地或上级人民政府、有关主管部门报告。

2. 报告时限和程序

发生突发公共事件后，幼儿园要在第一时间内向当地人民政府及主管部门、教育行政部门报告，主管部门和当地教育行政部门应立即核实并在1小时内向上级教育行政部门报告。特殊情况下，可越级上报，但必须同时报告上一级人民政府和教育行政部门。

3. 信息报告原则

（1）迅速：突发事件发生后，有关报告责任主体要按照规定的时限和程序向上一级报告，不得延误。

（2）准确：信息内容要客观翔实，不得漏报、瞒报、谎报。

（3）事件情况发生变化后，应及时续报。

（4）幼儿园发生突发公共事件后，要立即向当地公安等部门报告。

4. 信息报告机制

（1）紧急电话报告系统。

电话报告到市教育局。正常工作时间电话报告至相应应急处置工作组，其他时间电话报告至主管部门、市教育局值班室。

（2）紧急文件报送系统。

突发公共事件电话报告后，有关应急相应处置工作应当立即书面报告领导小组组长和副组长，并按照相关预案和领导要求开展工作。重大信息，根据领导意见，报告市政府。

5. 应急信息的主要内容

（1）事件发生的基本情况，包括时间、地点、规模、涉及人员、破坏程度以及人员伤亡等。

（2）事件发生起因分析、性质判断和影响程度评估。

（3）事发幼儿园、当地人民政府及有关部门已采取的措施。

（4）园内外公众及媒体等各方面的反应。

（5）事态发生状态、处置过程和结果。

（6）需要报送的其他事项。

（二）先期处置

安全领导小组接到事故报告后，立即启动应急处置预案，应急处置工作组迅速赶往现场，保护好事故现场，必要时做出标志、拍照、详细记录和绘制事故现场图，并妥善保护现场重要物证等。

（三）应急处置原则和措施

（1）幼儿园重大安全事故应急处理按照"先控制，后处理，救人第一，减少损失"的原则，在稳妥可靠的前提下，统一指挥，协同作战，果断处置。单位自救与社会救援相结合，减少人员伤亡，减轻事故危害。首先抢救伤员。幼儿园负责人接到突发事件有人员伤亡事故信息后，立即通知急救中心120，在第一时间到达现场后要立即组织抢救伤员，做到及时、有序、有效地实施现场急救与安全转送伤员，降低伤亡率，减少事故损失。

（2）按照幼儿园应急预案组织和指导师生迅速采取措施进行自身防护、安全有序疏散，避免造成再次伤害事故。

（3）组织人员搞好现场保护，封存有关物品，维护现场治安和交通。通知受伤害幼儿父母或其他监护人，做好陪护工作。

四、应急保障

（一）信息保障

幼儿园要建立健全并落实突发公共事件信息收集、传递、报送，处理运行机制，完善信息传递渠道，确保信息传送渠道的安全畅通。

（二）物资保障

幼儿园要建立处置突发公共事件的物资储备，保证物资、器材的完好和可适用性。

（三）人员保证

幼儿园应建立处置突发公共事件应急预备队，预备队主要由领导班子、中层干部及班主任等人员组成。

（四）培训演练保证

幼儿园积极开展应急处置工作队伍的技能培训，定期进行应急模拟演练，提高协同作战和快速反应能力。

五、幼儿园安全和突发事件应急处置

事故发生后，幼儿园领导和有关责任人要在第一时间亲临现场，组织开展施救工作。

六、附则

（1）本预案是幼儿园处置安全事故和突发应急事件指导性文件，在实施过程中应根据不同情况随机处理。

（2）幼儿园教职工都有参加事故抢险救灾的义务。

（3）奖励和责任追究：在各类突发事件的应急处理中，对做出突出贡献的人员予以表彰和奖励；对不履行安全管理和安全教育职责，对重大安全隐患未及时采取整改措施的，发生安全事故的，将对有关人员依法追究责任；构成犯罪的，依法追究刑事责任。

（4）预案启动实施由幼儿园领导小组组长决定。所有领导成员和相关应急处置工作组负责人要认真贯彻执行本预案，严格执行和遵守工作纪律，确保信息畅通。

（5）本预案由安全领导小组制定并负责解释。

（6）本预案自印发之日起实施。

传染病预防与控制应急预案

为进一步做好传染病的预防与控制工作，切实有效防止传染病的流行，特制定本预案。

一、指导思想

以习近平新时代中国特色社会主义重要思想为指导，贯彻落实《中华人民共和国传染病防治法》，全面落实"早发现、早报告、早隔离、早治疗"的工作要求，提高快速反应和应急处理能力，将防治工作纳入法制化、科学化和规范化的轨道，确保全园师幼的身体健康和生命安全，促进幼儿园各项工作有条不紊地开展。

二、工作原则

（一）预防为主

宣传有关传染病的知识提高师生公共卫生知识，采取有效的预防与控制措施，迅速切断传染病传播和蔓延的途径。

（二）依法管理

严格执行国家有关法律法规，对传染病的预防、疫情报告、控制和救治工作实行依法管理，对于违法行为，依法追究责任。

（三）快速反应

按照"四早"要求，保证发现、报告、隔离、治疗等环节紧密衔接，一旦出现疫情，快速反应，及时准确处置。

三、领导机构

幼儿园传染病防控领导小组与健康教育领导小组为幼儿园传染病防治的领导机构，具体负责此项工作。根据传染病疫情的预测与变化不定期召开会议。

四、应急体系

建立以园长挂帅的应急领导小组，发生疫情时紧急启动。

组　长：胡文峰　（党支部书记、园长）

副组长：荆　涛　（园长）

成　员：张　亮　王黎明　杨　晴　辛维侠　刘　佳

　　　　各班班主任（具体人名略）

疫情报告人：辛维侠

五、上报隔离制度

（1）严格实行班级晨检制度及因病缺勤幼儿病因追踪及登记制度，班级内发生传染病，上报内容包括患者姓名、性别、年龄、住址及联系方法、所患疾病、发病日期、诊断单位等。

（2）教职工发生传染病，级部负责人在第一时间上报幼儿园，上报内容同（1）。

（3）幼儿园在接到班主任、级部负责人上报疫情后在第一时间幼儿园疫情报告人上报市教育局及市疾控中心，根据疾控中心要求采取相应措施。

（4）传染病患者严格按照《中华人民共和国传染病防治法》及《中华人民共和国传染病防治实施办法》进行隔离治疗，传染期内不得复课复工。

（5）对于班级或教职工中发生疑似传染病的，班主任、级部负责人在第一时间上报幼儿园，由卫生保健教师协助幼儿园进行现场调查、询问，进行进一步核查和落实，确有传染可能的，同（3）进行处理。

（6）对于瞒报、谎报、漏报、迟报及其他人为原因造成严重后果的，根据相关法律及规定有关责任人将被经济处罚、行政处分及追究有关法律责任。

六、发布疫情信息

依据有关法律法规，本园传染病的疫情信息，需上报相关部门，经其授权后，由园长室统一向全园发布。其他部门及个人无权向社会或全园发布疫情信息。

七、工作安排

（一）日常防控

（1）做好常见传染病防治宣传工作，增强师幼卫生防疫意识和自我保护能力。

① 通过多种形式对幼儿进行预防传染病知识的宣传教育，办好宣传栏。

② 将预防常见传染病知识和健康知识教育贯穿于幼儿一日生活当中。

（2）印发《中华人民共和国传染病防治法》《突发公共卫生事件应急条例》等有关法律法规，供全园教职工传阅学习，增强教职工法律意识和责任感。

（3）开展"四灭"（灭蝇、灭蚊、灭鼠、灭蟑螂）为中心的爱国卫生运动，搞好环境卫生，在卫生防疫部门的指导下做好环境消毒工作。

（4）加强饮食、饮水卫生管理，严防食物中毒和传染病发生。按照《中华人民共和国食品卫生法》《学校食堂与学生集体用餐卫生管理规定》等有关法规要求，切实加强幼儿园食堂管理，严格购物登记、试尝留样、餐具消毒、从业人员健康检查制度，做好检查落实。

（5）有计划地做好师生健康体检和常见传染病的预防接种工作。

（6）教育幼儿养成良好的个人卫生习惯，不与传染病病人接触，生病及时就医；教育幼儿坚持锻炼，增强对疾病的抵抗能力。

（7）积极争取相关部门的支持，共同做好幼儿园周边不符合食品卫生要求的饮食摊点的整治，消除引发幼儿园传染病的隐患。

（8）加强门卫管理，切断外来传染源。落实外来人员登记制度。

（9）做好预防常见病的必要消毒药品等物资储备。

（10）定期对幼儿园公共设施及场所等进行消毒。

（二）应急处置措施

一旦发现传染性疾病后所采取的一些措施：

（1）我园幼儿或教职工一旦出现传染性疾病，应及时就医并向幼儿园请假，不得带病入园、上班。经医院诊断排除传染病后才能回园、上班。

幼儿或教职工在园内出现传染病，及时上报处理病情的领导小组，在领导小组成员的统一安排下，要求患传染病者立即戴防护口罩、手套，到隔离室休息，并由安全管理人员或卫生保健老师立即通知传染病医院，需转医院治疗的立即转传染病医院。幼儿出现传染病症状的班主任立即通知其家长，由家长陪同去医院，家长不能到园的由班主任老师护送去医院（护送人员都要穿好防护服，戴口罩、手套）。如果是本园教职工出现传染病，也要求戴防护口罩、手套，由医生初步检查后，是传染病立即转市传染病医院并通知其家属，家属不能到园的由幼儿园安排护送去医院（护送人员都要穿好防护服，戴口罩、手套）。

（2）在园内发现传染病的幼儿或教职工，应急小组领导立即亲临现场指挥，在第一时间内利用隔离室进行隔离观察，并由安全管理人员或卫生保健老师马上拨打120电话，送定点传染病医院诊治。

① 对传染病病人所在班级教室或办公室及所涉及的公共场所进行消毒，对与传染病人密切接触的幼儿、教职工进行隔离观察。防止疫情扩散，迅速切断传染途径。

② 传染病病人在医院接受治疗时，禁止任何同事前往探望。

③ 如传染病烈性感染，请示教育局和其他政府部门，决定是否实行全园停课。并采取一切有效措施，迅速控制传染源，切断传染途径，保护易感人群，具体做到：

封锁疫点：立即封锁患者所在班级或所在办公室，暂停一切活动。

疫点消毒：对所有场所进行彻底消毒。

疫点调查：密切配合疾控中心进行流行病学调查，对传染病病人到过的场所、接触过的人员，以及患者的家庭成员、邻居、同事进行随访，并采取必要的隔离观察措施。

（3）幼儿园领导发现传染病病人后，迅速向全体师幼公布病情感染源及其防护措施，让广大师生了解情况，安定人心，维护幼儿园稳定，树立战胜传染病的信念。

（三）预防接种

根据上级有关部门的要求安排配合其做好预防接种工作。

（四）卫生宣传

研究制订预防传染病宣传培训计划，各班级加强幼儿预防知识的普及教育。深入宣传《中华人民共和国传染病防治法》，重点开展预防、保健及健康教育工作。引导师生树立良好的卫生意识，改掉随地吐痰、乱扔垃圾等陋习，养成良好的卫生习惯。

（五）督导检查

园传染病领导小组健康教育领导小组定期（不定期）对园内防控工作进行督导、检查，并作出评价。

突发公共卫生事件应急预案

为了切实提高本园预防和控制突发事件的能力和水平，指导和规范各类公共卫生突发卫生事件的应急处置工作，最大限度减少损失，保障全园师生员工的身体健康与生命安全，维护幼儿园稳定和正常保教秩序，根据《中华人民共和国传染病防治法》《突发公共事件应急条例》《中华人民共和国食品卫生法》等法律法规，结合我园实际情况，制定本预案。

一、工作范围

实验幼儿园范围内突发的公共卫生事件，包括食物中毒、集体活动、传染病等。突发公共卫生事件主要分为三等，其中：一次性师幼伤亡3人以内为一般突发事件；3人以上10人以内为重大突发事件；10人以上为特大突发事件。

二、工作目标

（1）普及各类突发公共卫生事件的防病知识，提高广大师幼、家长的自我保护意识。

（2）完善突发公共卫生事件的信息，监测报告网络，做到早发现、早报告、早隔离、早治疗。

（3）建立快速反应和应急处理机构，及时采取措施，确保各类突发公共卫生事件不在幼儿园内爆发和蔓延。

三、工作原则

1. 预防为主

常在校园内宣传普及突发卫生事件防治知识，提高全园师幼、家长的防护意识和幼儿园公共卫生水平，加强对幼儿全日观察和监测，发现病例及时采取有效的预防和控制措施，迅速切断传播途径，控制疫情传播和蔓延。

2. 依法管理，统一领导

幼儿园严格执行国家有关法律法规，对突发公共卫生事件的预防、疫情报告、控制和救治工作实行依法管理，对于违法行为，将依法追究责任。成立幼儿园突发公共卫生事件的防治领导小组，负责组织、指挥、协调与落实我园的突发公共卫生事件的防治工作。

3. 快速反应，运转高效

建立预警和医疗救治快速的反应机制，强化人力、物力、财力储备，增强应急处理能力。按照"四早"要求，保证早发现、早报告、早隔离、早治疗等环节紧密衔接，一旦发生突发事件，快速反应，及时准确处置。

四、组织管理

成立由胡文峰为组长，荆涛为副组长，张亮、王黎明、杨晴、辛维侠、刘佳、邱金哲为成员的幼儿园突发公共卫生事件处置领导小组。

胡文峰同志为第一责任人。

荆涛同志负责现场处置工作。

张亮同志负责后勤保障。

王黎明同志负责宣传报道工作。

杨晴同志负责检查监督工作。

辛维侠、刘佳、邱金哲同志负责日常防治工作。

突发公共卫生事件进入应急状态后，全面启动突发事件应急预案和突发事件处置工作小组，由组长亲自指挥。主要职责如下：

（1）根据当地政府和教育行政主管部门的突发公共卫生事件防治应急预案制定本园的突发事件应急预案。

（2）建立健全突发事件防治责任制，检查、督促幼儿园内部各项突发事件的防治措施落实情况，责任到人。

（3）广泛深入地开展突发公共卫生事件的宣传教育活动，普及突发事件防治知识，提高教职工、家长的科学防病能力和幼儿的自我保护能力。

（4）建立传染病流行期间的晨检制度，及时掌握师幼的身体状况，发现突发公共卫生事件早期表现的师幼，应督促其及时去医院就诊，做到早发现、早报告、早隔离、早治疗。

（5）开展幼儿园环境整治和爱国卫生运动，加强后勤基础设施建设，努力改善卫生条件，并进行定期和不定期的专人检查，保证幼儿园活动室、食堂、厕所及其他公共卫生场所的清洁卫生。

（6）确保幼儿每天喝上安全饮用水，吃上放心饭菜。

（7）及时向当地医院或疾病预防控制部门和市教育局汇报幼儿园突发公共卫生事件的发生情况，并积极配合部门做好对病儿和密切接触者的隔离消毒、食物留存等工作。

五、突发事件监测和报告

幼儿园突发公共卫生事件的内容包括：重大传染病疫情、中毒事件（食物中毒及急性化学物品中毒）、污染事故、免疫接种事故及严重异常反应，以及其他重大疑难及不明原因的健康危害事件。

（一）突发事件监测

（1）建立突发公共卫生事件的监测系统，在幼儿园内建立考勤监测制度，指定专人对师幼中的缺勤者进行逐一登记，查明缺勤原因。对因健康原因缺勤者由保健老师进行登记汇总并进行追踪观察，分析其发展趋势，必要时采取进一步的措施。

（2）重视信息的收集，要与疾病预防控制中心建立联系，收集本地周围地区公共卫生事件的情报，密切关注其动态变化，以便做好预防工作。

（二）突发事件报告

（1）建立自下而上的突发公共卫生事件逐级报告制度，并确保监测和预警系统的正常运行，及时发现潜在的隐患及可能发生的突发事件，突发事件期间，有关人员及领导小组成员实行24小时值班制度。

（2）严格执行幼儿园重大公共卫生事件报告程序，在传染病暴发流行期间，对疫情实行日报告制度和零报告制度，严格按程序逐级报告，确保信息畅通。

（3）出现集体性食物中毒、甲类传染病病例、乙类传染病暴发，医院感染暴发及其他突发卫生事件时，班主任应立即向本园突发公共卫生事件领导小组报告，并以最快的通讯方式在2小时内向所在地疾病预防控制中心报告，同时向市教育局报告。

（4）任何部门和个人不得隐瞒、缓报、谎报或者授意他人隐瞒、缓报、谎报突发事件。

（5）建立突发事件举报制度。任何部门和个人有权向幼儿园报告突发事件隐患，有权向教育行政主管部门不履行突发事件应急处理规定的职责的情况。

六、突发事件的应急反应

根据《国家突发公共卫生事件应急预案》《山东省突发公共卫生事件预防与应急办法》《滕州市突发事件总体应急预案》《滕州市重大传染病疫情应急预案》《滕州市重大食品安全事故应急预案》等的规定，将突发事件的等级分为一般突发事件、重大突发事件和特大突发事件。根据突发事件的不同级次分类，结合幼儿园特点，在必要时启动相应的突发事件应急预案，做出应急反应。

以下分级标准根据《全国突发公共卫生事件应急预案》中的标准界定。

（一）传染病

1. 一般突发事件

所在地区发生属于一般突发事件的疫情，启动幼儿园第三级应急响应。

（1）启动报告和零报告制度，本园实行24小时值班制度，加强系统内的疫情通报。

（2）园内做好应急状态的准备，落实各项预防措施。

（3）园内如尚无疫情发生，可保持正常的学习、工作和生活秩序，但对集体活动要控制。

（4）传染病流行时加强对发热幼儿的追踪管理，呼吸道传染病流行期间，活动室、午睡室、食堂等公共场所必须加强通风换气，并采取必要的消毒措施；肠道传染病流行期间，对厕所、粪便、食堂及饮用水应加强消毒，并加强除"四害"工作。

（5）严格执行出入园的管理制度。

2. 重大突发事件

幼儿园所在地区发生属于重大突发事件的疫情，启动第二级应急响应，除对接触者实施控制外，全园保持正常的学习、工作和生活秩序。在第三级疫情防控措施的基础上，进一步采取以下措施。

（1）开展针对性的健康教育，印发宣传资料，在幼儿园内张贴宣传标语、宣传画，提高师幼的自我保护意识和防护能力，外出和进入公共场所要采取必要的防护措施。

（2）对全体师幼每日定时测量体温，发现异常情况及时上报。

（3）对重大传染病的密切接触者，幼儿园要配合卫生部门做好隔离、医学观察和消毒等工作。

（4）加大进出园门的管理力度，控制校外人员进入幼儿园。

（5）幼儿园根据情况，及时向师幼员工通报疫情防控工作的情况。

3. 特大突发事件

所在地区发生属于特大突发事件的疫情，启动第一级应急响应，在二级、三级疫情防控措施的基础上，进一步采取以下措施：

（1）实行封闭式校园管理，严格控制外来人员进入幼儿园。

（2）全面掌握和控制人员的流动情况，教职工外出必须向园长请假。外出幼儿和去疫区的人员返园后，必须进行医学观察。对缺席幼儿逐一登记，及时查明缺勤原因。发现异常者劝其及时就医或在家医学观察，暂停入园。

（3）避免人群的聚集和流动，不得组织师幼参加除正常教学外的各类集体活动。

（4）对活动室、午睡室、食堂、图书室、厕所等场地使用期间每日进行消毒，通风换气。

（5）幼儿园每日公布疫情防控工作的情况。

4. 园内疫情

园内若出现重大传染病疫情，启动相应的应急响应。同时要根据实际情况，适时开展以下工作。

（1）根据出现传染病的种类和病人的活动范围，相应调整教学方式，对在园内出现症状发病者、疑似患儿立即通知家长带幼儿去医院就诊，并在家隔离观察。对上述人员经过的地方、接触的物品及呕吐物、排泄物进行临时消毒，暂停人员流动，临时封闭出现病例的教室、楼层，采取终末消毒，对密切接触者做好登记以供调查。

出现一例传染性肺炎、禽流感、鼠疫及肺炭疽疑似病例，对该班加强观察，做到早晚护导不并班，幼儿不串班，餐具毛巾玩具等加强消毒。出现一例上述临床诊断病例或两例及以上疑似病例，幼儿园在报请区教育局学前教育科批准后，对该班级和相关班级实行停课；如出现上述临床诊断病例及园内续发病例，可视情况扩大停课范围。若需全园停课，须报上级有关部门批准。

（2）采取停课措施的班级，应合理调整教育计划、课程安排和教学形式。如幼儿园停课放假，园领导和教师（非密切接触者）要坚守岗位，加强与幼儿家长的联系。

（3）尊重和满足教职工、家长的知情权，主动、及时、准确地发布疫情及防治的信息，对教职工和家长进行正确的引导，消除不必要的恐惧心理和紧张情绪，维护校园稳定。

（二）食物中毒

及时掌握幼儿健康状况，一旦发生园内食物中毒或可疑食物中毒时，幼儿园突发公共卫生事件领导小组要做好下列工作。

（1）立即停止食品加工活动，并在第一时间报告当地卫生、教育和公安等部门。

（2）立即将发病教职工、幼儿送往医院，并协助医疗机构救治病人。

（3）保留造成食物中毒或者可能导致食物中毒的食品及其原料、工具、设备和现场，待确认后交于卫生部门处理。

（4）积极配合卫生、公安部门调查，并按其要求如实提供有关材料和样品。

（5）落实卫生部门要求采取的其他措施，并妥善处理善后事宜，维持园内正常教育教学秩序。

（6）配合卫生部门分析引起食物中毒的原因，总结经验教训，提出整改意见，杜绝类似事件再次发生。

（三）预防接种严重反应，群体性不明原因病变等突发事件

（1）迅速报告疾病控制中心，教育局及其他有关部门，请求派遣专业人员进园，开展流行病变调查，查明事件原因。

（2）及时将受害教职工、幼儿送医院救治。

（3）尽快采取各项措施，消除危害，制止事态的发展。

（4）总结经验教训，查漏补缺、杜绝隐患，必要时对事故和损害的责任人追究责任。

七、保障措施

（一）组织机构保障

（1）园内成立突发公共卫生事件领导小组，具体负责突发公共卫生事件的日常预防与控制工作。

（2）幼儿园按《学校卫生工作条例》的要求配齐卫生保健教师，保健教师具备高度的工作责任感，定期接受市卫生部门组织的突发公共卫生事件应急处理知识、技能的培训和演练，熟悉突发公共卫生事件的预防与控制的知识，具有处理突发事件的快速反应能力。

（二）财力和物资保障

幼儿园安排必要的经费预算，为突发公共卫生事件的防止工作提供合理而充足的资金保障和物资储备。

八、责任追究

对人为原因造成的事态扩大、疫情扩散等安全事故，要严肃查处，给予有关责任人相应处分，情节严重的报请上级有关部门处理。

火灾事故应急处置预案

一、组织结构的构成与职责

（一）火灾指挥中心

全工作领导小组主要职责如下：

通信联火灾指挥中心设在消防控制室，由法人代表负责总指挥，分管园长任副总指挥，成员有安全办、各级部、后勤、财务科等负责人。

（二）处置火灾事故的组织

幼儿园安全联络组：

负责与消防安全责任人和当地公安消防机构之间的通信和联络，即主要负责人一旦发现起火，迅速使用手机、电话向消防控制室报警，拨打119电话向当地公安消防部门报警，将消防车引进火场，按照值班情况，分别由以下人员组成。

组　长：胡文峰

副组长：姚　慧　荆　涛

成　员：各园安全办主任、级部主任、各班班主任（具体人名略）

灭火行动组：

主要负责人在发生火灾或听到指挥中心发出的灭火指令时，引导人员立即利用消防器材、设施就地进行初期火灾扑救。

专（兼）职义务消防队：

主要任务是协调本单位制定防火安全制度和防火责任制，发现火灾时积极参加协调扑救火灾、保护火灾现场等。按照当班情况分别由以下人员组成。

第一组：

组　长：张　亮

成　员：王黎明　刘进法　刘　佳

第二组：

组　长：马福奎

成　员：刘存路　战　兵　黄　帅

主要负责引导在场人员带幼儿从最近的消防疏散通道迅速疏散到安全地带。将幼儿集中，清点人数。以班级为单位，分别由各班班主任带领。

主要负责人员：

大班级部

组　长：郭会静

成　员：陈春晓　王　芮　张　娣　孙　瑕

中班级部

组　长：陆贝贝

成　员：苏令田　李芬芬　马玲玲　陈　丽

小班级部

组　长：李丽华

成　员：刘进法　李　菲　刘　铮　杨　靖

消防控制组：

（1）接到"火警"信号后要冷静，迅速判明现场情况和位置。

（2）确认火灾后向领导报告。

（3）根据火灾情况切断火灾区电源。

（4）火灾控制后，整理资料存档。

救护组：

协助抢救、护送受伤人员。

保卫组：

阻止与场所无关人员进入现场，保护火灾现场，并协助公安消防机构开展火灾调查。

后勤组：

负责抢险物资、器材器具的供应及后勤保障。

二、报警和接警处置程序

（1）发生火灾时，消防控制室人员接到火灾信号后，要迅速赶到现场实地查看。

（2）查看人员确认火情后，立刻组织疏散组负责人，按照责任分工，引导师生疏散，离开现场。

（3）查看人员确认火情报告后，要同时做到：

① 立即启动事故广播，发出火警处置指令。通知疏散组按级部带领幼儿紧急安全疏散撤离。

② 立即启动消防设施扑救初期火灾，即迅速报告幼儿园安全工作领导小组，园领导组织有关人员携带消防器具赶赴现场进行扑救。

③ 立即拨打电话119报警。报告内容为："实验幼儿园发生火灾，请迅速前来扑救，地址：新兴中路179号。"待对方放下电话后再挂机。

④ 在向地方政府和教育主管部门领导汇报的同时，派出人员到主要路口等待引导消防车辆。

三、应急疏散的组织程序和措施

（一）疏散路线

按楼层疏散标志疏导，幼儿从各安全通道向楼外场地进行疏散。

（二）疏散组织

遇火灾等紧急情况或火灾事故应急广播，要求紧急疏散的指令后，分别向责任区的关键位置排除人员，由各班班主任引导幼儿向安全地带疏散。主要负责人员如下。

大班级部

组　长：郭会静

成　员：陈春晓　王　芮　张　娣　孙　瑕

中班级部

组　长：陆贝贝

成　员：苏令田　李芬芬　马玲玲　陈　丽

小班级部

组　长：李丽华

成　员：刘进法　李　菲　刘　铮　杨　靖

四、扑救初期火灾的程序和措施

（1）火警发生时，处在现场的灭火行动组的人员应当迅速赶往现场。就近使用手提灭火器灭火。

（2）在灭火的同时，要通过大声呼救等方式向周边的人员报警，做好扑救初期火灾和疏散工作。

（3）第二梯队人员接到指令后，立即赶到火灾现场实施增援灭火。

（4）若火势已经扩大应马上停止扑救。

五、组织实施

（1）组织原则：先救人，后救物，迅速组织师生逃生。

（2）参加人员：在消防车到来之前，幼儿园教职工均有义务参加扑救。消防车到来之后，校内人员配合消防专业人员扑救或做好辅助工作。

（3）使用器具：灭火器、沙土、水桶、消防栓等。

（4）幼儿及无关人员要远离火场和校园内的道路，以便于消防车辆驶入。

（5）迅速启用广播及通讯系统。火灾指挥人员与消防控制室各小组之间应当密切保持通讯联络，随时指挥协调各部门间灭火、疏散自救工作。

（6）将幼儿疏散到安全地带后，做好幼儿安全工作。

六、扑救方法

（1）扑救固体物品火灾，如木制品、棉织品等，可使用各类灭火器具。

（2）扑救液体物品火灾，如汽油、柴油、食用油等，只能使用灭火器、沙土、浸湿的棉被等，绝对不能用水扑救。

七、注意事项

（1）火灾事故首要的一条是保护人员安全，扑救要在确保人员不受伤害的前提下进行。

（2）火灾第一发现人应判断原因，立即切断电源。

（3）火灾后应掌握的原则是边救火，边报警。

（4）严禁组织未成年人参加灭火。

防范暴力侵害事件应急处置预案

为确保幼儿园的安全，最大限度地减少师生伤亡，维护幼儿园的安全稳定，根据《中华人民共和国突发事件应对法》的有关要求，制定本预案。

一、实验幼儿园防范暴力侵害事件应急处置指挥部

总 指 挥：胡文峰

副总指挥：姚　慧　荆　涛　王　敏　杨卿文　张　亮　王黎明　马福奎
　　　　　刘淑艳　徐田田

成　　员：郭会静　高　艳　刘存路　杨　晴　吕　静　陆贝贝　李丽华
　　　　　张丽丽　马　芬　战　兵

相关各科室、各班班主任均为成员，当幼儿园发生暴力侵害事件后，按照《实验幼儿园突发事件应急工作分工安排表》调配人员，并开展相应工作。

指挥部下设办公室。

联 系 人：马福奎（幼儿园安全办公室主任）

事发幼儿园成立现场指挥部，园长为负责人。

二、幼儿园防范暴力侵害事件应急处置指挥部和现场指挥部的职责

（1）暴力侵害事件发生后，根据总指挥部部署，责任相关人员在第一时间控制罪犯，制止暴力侵害，保护师生人身安全。

（2）加强安全防护知识和技能的普及教育和训练，不断提高广大师生的防范意识和基本技能。

（3）积极组织事后处置工作。采取一切必要手段，组织各方面力量全力进行救护、处置工作，把暴力侵害事件造成的损失、影响降到最低。

（4）事发幼儿园成立现场指挥部，在幼儿园负责人指挥下，开展应急处置

工作。

（5）幼儿园设立应急保护组、人员救护组、疏散引导组、通讯联络组、沟通协调组、媒体应对组等事故处理小组，由幼儿园分管领导负责协调指挥，责任落实到具体人员。

（6）幼儿园各事故处理小组的职责为：应急保护组负责在公安部门介入之前与侵犯势力的周旋，紧急状态时的抵御处置等；人员救护组负责为受伤幼儿提供及时有效的救护；疏散引导组负责疏散引导幼儿至安全地方；通讯联络组负责对内对外的联络汇报工作；沟通协调组负责与家长的沟通协调安抚工作；幼儿园主要负责人应亲自负责新闻媒体的宣传口径，正确引导舆论导向。

三、适用范围

适用于本园突发暴力侵害事件。

四、预警预防

（1）开展经常性社会矛盾排查分析，及早发现可能引发幼儿园暴力侵害的各种矛盾和因素。

（2）采取针对性的预防措施。

（3）加强对师生进行法制和安全教育，增强师生的法制意识和自我保护意识。

第一，严格门卫管理制度，严格进入幼儿园人员的审核、登记，严格进出幼儿园车辆的检查，严禁无关人员进入园。

第二，加强对园内有心理疾病及精神病症状人员的疏导和监控。

第三，经常性摸排师生中存在的矛盾隐患，对可能引起矛盾激化事件的当事人要摸排登记，耐心接待，尽力做好化解工作。

第四，经常性地与驻地公安部门、社区及校外法制辅导员沟通联系，及时掌握幼儿园周边地区存在的不稳定因素（人或事），采取有效对策。

第五，幼儿园应设立应急分队，加强日常培训和演练。

第六，加强幼儿园防范暴力侵害的人防、物防、技防建设，严格安保人员聘任管理，储备必要安保器械，安装符合技术要求的技防设施，有效防范和抵御外来暴力侵害。

第七，加强教师值班制度。在入园、离园等重要时段，幼儿园领导应亲自带班，安排教师值班，安全保卫部门加强校门内外巡视。

加强警校共建。在入园、离园等重要时段，应协调警方维护交通秩序，加强治安警戒。

五、处置流程

一旦发生幼儿园暴力侵害事件，以保护幼儿的生命安全为主要目的，应按下列程序处理。

（一）第一目击者报警

（1）按一键报警按钮或拨打110报警电话。

（2）园内通告：以最有效的方式（广播、锣声、报警声等）预警全园师生，并与园长通话通报情况。

（二）立即启动应急处置预案

（1）接到报警后，正在组织室内教育教学活动的，当班教师要立即组织关锁门窗，安抚幼儿保持镇静，保持警惕；如遇户外活动或在户外开展体育游戏的，执勤教师、疏散引导组成员、当班教师应及时保护幼儿转移至安全区域。

（2）各工作小组听到预警声后，立即按照职责开展工作。应急保护组的人员要在公安部门赶到之前，利用警械，尽力制止犯罪行为，与歹徒周旋，规劝其终止犯罪或采取有效措施阻止犯罪行为；如发生劫持人质事件，要全力保护好现场或附近的其他幼儿，按照平时演练的路线迅速疏散至安全区域。

（3）通讯联络组第一时间内同时报市局分管局长和安监科或办公室，迅速向公安、救护、消防和社区有关部门、单位求援。

（4）如有人员伤亡，人员救护组要提供及时有效的救护，以最快的速度拨打120急救电话，或把伤员就近送往市级以上医院抢救，并通知家长或家属。

（5）幼儿园协助警方阻止暴力行为的最后实施。

六、善后处理

（1）幼儿园保护好现场，配合警方调查取证。

（2）在警方的指导下维护秩序和善后处理。

（3）沟通协调组做好受伤幼儿家长的安抚工作，幼儿园心理专（兼）职教师及时对幼儿园师生进行心理干预和疏导，班主任及时与每位幼儿家长沟通信息，做好情况通报。

（4）在上级部门没有明确指示的情况下，由园长接受媒体的采访，其他人员可回避媒体采访，防止炒作引发社会恐慌情绪。

（5）及时恢复正常的教育教学及生活秩序。

（6）如有伤亡或财产损失，向投保的保险公司报案。

七、信息报告

（一）报告时限及程序

根据分类管理、分级负责、条块结合、属地管理为主的应急管理体制，幼儿园对发生的暴力侵害事件要及时报告，对可能引发暴力侵害事件的预测预警信息也要报告。

1. 初次报告

幼儿园发生暴力侵害事件后，应在第一时间，向当地教育主管部门和相关部门进行电话报告，并在6小时内及时补报文字材料。

2. 结案报告

事件结束后，幼儿园应将事件处理结果逐级报告上级教育主管部门。

（二）报告内容

1. 初次报告内容

必报内容：事件发生时间、发生地点、疑似可能伤害的人数。

选报内容：事件初步性质、发生的可能原因及事态发展的趋势等。

2. 结案报告内容

事件经过、原因分析、损失及伤亡情况、处理结果、整改情况、责任追究情况等。

自然灾害应急处置预案

一、编制目的

做好预防和处置因地震、暴雨、洪水等带来的各种自然灾害，最大限度地减少人员伤亡和财产损失，维护幼儿园稳定，保障幼儿园的正常教育教学秩序。

二、编制依据

依据《中华人民共和国防洪法》等法律法规和《国家防汛抗旱应急预案》《山东省突发公共事件总体应急预案》《山东省防汛抗旱应急预案》等规定，结合我园实际，制定本预案。

三、适用范围

本预案适用于本幼儿园范围内地震、洪涝等灾害的预防及应急处置。

四、工作原则

（1）以人为本，预防为主。把保障师生生命安全放在防震、防汛工作首位，把震、汛灾害的预防放在突出环节，密切监视震、汛情，认真做好各项防范工作。

（2）分级负责，加强督查。幼儿园在当地政府统一领导下开展处置，主管部门主要领导负总责。

（3）统筹兼顾，科学调度。防震、汛救灾工作要统一部署、突出重点、兼顾一般、科学调度。对危旧房重大安全隐患部位予以重点防范。

（4）果断处置，全力抢险。一旦发生险情，应迅速响应，及时启动本应急预案，并在上级有关部门的领导下，密切配合，组织力量全力抢险救灾。

五、组织领导体系

（1）由幼儿园防震、防汛工作领导小组负责指导组织全园的防震、防汛险情处置工作。

主要职责：组织制定完善防震、防汛预案；组织开展防震、防汛检查，督促处理影响防震、防汛安全的有关问题；贯彻执行上级防震、防汛指挥命令；遇重大灾情时统一下达停课、师生转移等命令；指导抢险自救和灾后处置工作；组织开展灾情调查统计，并向上级部门报告；指导并开展灾后救助。

（2）灾害分级。按照灾害的影响范围和严重程度，分为特别重大灾害（Ⅰ级）、重大灾害（Ⅱ级）、较大灾害（Ⅲ级）和一般灾害（Ⅳ级）。

灾害达到的级别以省政府防震、防汛、防旱指挥部的通知为准。

（3）预防和预警机制。

（4）灾害预警员落实。有危破旧园舍灾害隐患的，应当确定预警员，落实预警职责。

（5）防汛检查。防汛工作领导小组，应当在汛前组织力量开展防震、防汛检查，发现有安全问题的，及时处理和整改。

（6）次生灾害预警。防震、防汛工作领导小组应加强值班，加强对灾害隐患部位的巡查，必要时采取预警、转移师生和财产等措施。

（7）应急结束。灾害得到有效控制时，根据事发地人民政府或防震、防汛、防旱指挥机构的指令，宣布应急结束。

六、应急保障

（一）通信与信息保障

加强与通信管理部门的联络，保障防震、防汛抗灾现场通讯畅通，确保与外界的联络，确保防震、防汛抗灾信息及时向师生以播发、刊登或短信形式发布。

（二）应急队伍保障

加强与当地政府和解放军、武警部队等的联络，并组织必要的教师员工应急抢险队伍；保障幼儿园抢险救灾工作的人力支持。

（三）物资保障

加强与当地政府的联络，确保幼儿园抢险救灾的物资需要。

（四）资金保障

积极争取当地政府和上级部门的支持，并加强与财政、民政等有关部门的联络，筹措抢险救灾资金，做好救灾资金、捐赠款物的分配、下拨，指导、督促灾区做好救灾款的使用、发放。

（五）技术保障

加强与当地防震、防汛、防旱指挥机构的联络，确保预报信息的准确性和及时性，提高调度水平和防汛抢险能力。

（六）治安保障

加强与当地公安部门的联络，做好幼儿园的治安工作。

（七）灾场所保障

提供避灾场所，设立标志，确保灾害来临时处于危险区域的师生和群众能及时躲避。

（八）电力保障

加强与电力部门的联络，确保防震、防汛抗灾等方面的供电需要和应急救援现场的临时供电。

（九）交通运输保障

加强与交通运输部门的联络；保障防震、防汛抗灾人员、救灾物资运输和车辆调配。

（十）医疗卫生保障

加强与卫生部门的联络，做好幼儿园的卫生防疫和医疗救护，预防疾病流行；做好师生疾病免疫和幼儿园公共场所消毒工作。

（十一）后勤保障

加强与当地政府的联络，确保幼儿园抢险物料、交通工具、食品、饮用水、医疗、药品等后勤保障。

（十二）宣传、培训与演练

（1）宣传。加强防震、防汛抗灾及避险知识宣传，提高师生的防灾减灾能力。

（2）培训。结合幼儿园的实际，采取多种组织形式，开展定期与不定期培训，每年至少组织一次培训。培训工作应严格考核，保证培训工作质量。

（3）演练。定期举行应急演习，以检验、改善和强化应急准备和应急响应能力。

七、善后工作

（一）救灾

灾害发生后，做好灾区幼儿园生活供给、卫生防疫、救灾物资供应、治安管理、园舍修复、幼儿园复课等善后工作。

（二）救济救助

积极协调民政部门，做好受灾师生的生活救济救助。及时调配救灾款物，组织安置受灾师生。做好受灾师生临时生活安排，切实解决受灾师生吃饭、穿衣、住宿等基本生活问题。

（三）医疗救治与卫生防疫

积极协调卫生部门，抢救因灾伤病师生，对影响师生生命健康的污染源进行消毒处理，对受灾幼儿园重大疫情、病情实施紧急处理，防止疫病的传播和蔓延。

（四）园舍修复

要组织力量，尽快修复受损的园舍、道路、通信等设施，争取幼儿园尽快复课。对破旧校舍和可能存在安全隐患的校舍，要请专业部门进行危房鉴定，能修复的及时修复，不能修复的要采取隔断措施，并限期拆除。

八、附则

（1）预案管理与更新。定期组织对预案进行评估。

（2）奖励与责任追究。对防汛工作做出突出贡献的先进集体和个人，给予表彰；对防汛工作中玩忽职守造成损失的，依据有关规定追究当事人的责任。

楼梯间拥挤踩踏事故应急处置预案

一、编制目的

为了预防和减少幼儿园拥挤踩踏事故，全面提高我园处置拥挤踩踏事故的应急能力，确保拥挤踩踏事故发生时，实施有效救援工作，最大限度减少人员伤亡。

二、编制依据

根据《中小学幼儿园安全管理办法》《山东省处置突发事件总体应急预案》以及《山东省突发事件总体应急预案》，特制定本预案。

三、基本情况

幼儿园位于新兴中路前进街1号，现有幼儿近800名，教职员工111名。幼儿园是人群高度集中的场所，一旦突发公共事件，处置难度大，容易造成严重后果。因此，加强事故防范尤为重要。

四、适用范围

本预案适用于应急处置在实验幼儿园拥挤踩踏事故。

五、应急处置部门与职责

组　长：胡文峰

副组长：姚　慧　荆　涛　王　敏　杨卿文　张　亮　王黎明　马福奎
　　　　刘淑艳　徐田田

成　员：郭会静　高　艳　刘存路　杨　晴　吕　静　陆贝贝　李丽华

张丽丽　马　芬　战兵各班班主任（具体人名略）

安全办主任：马福奎

保健员：辛维侠　蒋　洁

财　务：陈秀利

职　责：预防为主，以人为本，统一领导，健全制度，依法规范，加强管理，快速反应，协同应对。

人员分工如下：

指挥——园长；教育——班主任；救护——保健老师；警戒——保卫；联系家长——班主任；报告——分管副园长；协调——班主任、保育员。

六、预防幼儿拥挤踩踏事故处理的基本原则

预防为主，常抓不懈，统一领导，分级负责；反应及时，措施果断，依靠科学，加强协作。

（1）园长是本园预防幼儿拥挤踩踏事故第一责任人，负责对幼儿拥挤踩踏事故应急处理工作，并根据安全事故的程度，采取应急措施。

（2）各班班主任是本班预防幼儿拥挤踩踏事故第一责任人，对可能发生的幼儿拥挤踩踏事故进行分析、预测，并有针对性地进行教育并制定事故应急处置办法，及时采取有效的预防措施，防止幼儿拥挤踩踏事故的发生。

（3）幼儿拥挤踩踏事故发生后，幼儿园应立即做出反应，在及时上报上级部门的同时，迅速采取救治和控制措施。

（4）要依靠科学，妥善处理幼儿拥挤踩踏重大安全事故。各有关处室要按照各自的职责，真正做到恪尽职守、各司其职、通力合作。

七、预防办法和措施

（一）加强日常管理

（1）出操、升旗仪式、上多功能厅活动、离园等等，规划各班幼儿上下楼的路线，向全体幼儿明确不同活动行走的线路及经过的楼道。

（2）相关老师按要求准时到岗，认真到位，随时注意幼儿课间活动、如厕的安全。

（3）各班行规安全监督员，每日在活动室、班级门口楼道内检查，制止不

安全行为。

（二）宣传教育

（1）加强师生的日常安全、行为规范、法制教育，增强师生的自我防范意识、自我防范能力和自救能力。

（2）向幼儿强调上下楼梯的速度要适可，前后须保持一定的距离，且须靠右行。

（3）在过道及楼梯明显位置张贴"靠右行走""请勿拥挤"等提醒标志，保持楼梯及过道通畅无杂物堆积，雨雪天时教育提醒幼儿过道及楼梯要慢行，并设置防滑设施和防滑标志。

（三）检查整改

（1）要定期不定期地开展对楼道、楼梯设备设施的专项检查，采取措施，消除安全隐患。

（2）要及时安装教学、生活设施楼道、楼层的照明，并定期更换，定期对幼儿园建筑物、电器线路进行检查，排查安全隐患，发现问题限时解决。

（3）要对不符合标准和不牢固的楼道栏杆、楼道扶手进行加高、加固。

（4）对幼儿园无能力排除的安全隐患要及时上报实验行业管理办公室。

（四）培训演练

经常开展幼儿园拥挤踩踏事件应急处置人员的培训，切实提高他们应对和处置校园拥挤踩踏事件的能力。同时幼儿园还要不定期地组织全园师生开展专项演练。

八、应急处置

（一）信息报告

可能出现的事故有扭伤、骨折、挤伤、踩伤、坠楼、楼层倒塌或楼道拥挤造成的伤害事故等。

（1）目击者第一时间内报告园长室或事故负责人。

（2）一般事故。幼儿园发生无人员死亡，重伤1人以下的安全事故后，幼儿园应当在半小时内口头向局应急办报告，事故处理结束后1小时内书面报局应急办。

（3）重、特大事故。事故死亡1人及以上、伤多人，幼儿园应当在半小时内口头向区、局应急办报告，事故处理结束后1小时内书面报区、局应急办。

（4）安全事故报告的必要内容。事故发生的时间、地点、伤亡情况、事故简要经过、采取的施救措施、事故发生的初步原因、报告单位、报告人及其他应当报告的事项。

（二）事故处置程序

1. 启动处置预案

发生校园拥挤踩踏事故后，幼儿园应急工作小组启动本预案，按照幼儿园应急预案的指令开展工作。

2. 应急处置现场指挥

（1）进入岗位。现场指挥部的人员进入现场指挥部后，根据职责分工，迅速开展工作。

（2）情况汇总。参与现场处置幼儿园拥挤踩踏事故的负责人、现场处置教师迅速向幼儿园现场指挥部反馈现场处置情况，并由指挥联络组负责汇总。

（3）分析判断。幼儿园负责人要向现场指挥部总指挥详细报告事件的危害程度以及自己的分析意见。

（4）指挥决策。在分析判断的基础上，现场指挥部迅速研究现场处置措施，果断做出指挥决策。幼儿园负责人按照决策、职责分工，认真准确地做好下达指令、报告请示等工作。

3. 组织疏散、救护

（1）迅速发出报警铃声，直至全体师生安全撤离。立即打120、110电话，请求有关部门立即组织救护。

（2）立即口头报告主管局、保险公司。

（3）依就近原则疏散，疏散路线按平时班级早操进场秩序线路下楼。

（4）现场疏散、救护分工。

总指挥：胡文峰

西楼梯：朱　敏

东楼梯：王　虹

中间楼梯：杨卿文

一楼大厅：王黎明

各班教室：各班班主任（具体人名略）

安全救护组：组长，荆涛；组员，各班班主任（具体人名略）

注：疏散时视当时情况进行必要的调度，班主任教师负责好对本班幼儿进行疏导、保护、管理。

4. 关闭场所

事故发生现场，人员全部撤离后，封闭隔离或限制使用有关场所，并保护好现场。

5. 配合调查取证

配合有关部门对现场目击的师生进行询问，做好事故的调查取证工作，初步掌握事故发生的主要原因。

九、善后处置措施

（一）评估分析

幼儿园拥挤踩踏事故应急处置工作基本完成后，总指挥部立即组成有关人员对幼儿园拥挤踩踏事故造成的危害，以及对社会政治稳定可能构成的威胁进行评估分析，并下达指令全力做好各项善后工作，维护社会政治稳定。

（二）收集动态

幼儿园成立善后领导小组，努力做好当事幼儿及家长的情绪稳定工作，预防事态延伸扩展。一旦发生受伤害幼儿监护人、亲属或者其他成员，在事故处理中无理取闹的事件。扰乱幼儿园正常教育教学秩序或侵犯幼儿园、教师合法权益的，幼儿园将报公安机关依法处理，造成损失的，依法要求赔偿。

（三）抚慰师生

幼儿园迅速派出有关人员安抚伤员，帮助受伤、死亡者家属做好善后工作。同时，积极协助家属做好保险理赔工作，对师生及家长提出的正当要求尽快予以满足。

（四）其他工作

幼儿园配合有关部门做好事故的处理、调解工作；处置工作基本完成后，应急管理领导小组组长立即汇总情况上报区教育局。

十、注意事项

（一）处置人员防护要求

1. 应急队伍保障

不断增强幼儿园应急队伍的总体力量、处置能力，若进行重大调整和人事变更，及时报局应急办备案。

2. 开展应急演练

幼儿园应急队伍要制定相应的处置方案，并积极开展应急处置技能培训和应急演练。

（二）突发事件的宣传处理

（1）幼儿园值班室电话应有来电显示功能，幼儿园主要负责人的家庭电话及手机应保持畅通。

（2）做好对教师、幼儿的帮助工作。

（3）幼儿园不接受新闻采访。

大型集体活动安全事故应急处置预案

一、组织机构

幼儿园安全领导小组成员。

（一）信息报告

1. 报告责任主体

突发事件发生时有关人员立即上报安全工作领导小组主要责任人。组长根据情况是否启动应急处置预案，及时将有关情况向当地或上级人民政府、有关主管部门报告。

2. 报告时限和程序

发生突发事件后，幼儿园要在第一时间内向当地人民政府及主管部门、教育行政部门报告。主管部门和当地教育行政部门应立即核实并在1小时内向上级教育行政部门报告。特殊情况下，可越级上报，但必须同时报告上一级人民政府和教育行政部门。

3. 信息报告原则

（1）迅速：突发事件发生后，有关报告责任主体要按照规定的时限和程序向上一级报告，不得延误。

（2）准确：信息内容要客观翔实，不得漏报、瞒报、谎报。

（3）实践情况发生变化后，应及时续报。

（4）幼儿园发生突发公共事件后，要立即向当地公安等部门报告。

4. 信息报告机制

（1）紧急电话报告系统。

电话报告到主管局，同时，报告市教育局。正常工作时间电话报告至相应应急处置工作组，其他时间电话报告至主管部门、市教育局值班室。

（2）紧急文件报送系统。

突发公共事件电话报告后，有关应急相应处置工作应当立即以书面报告领导小组组长和副组长，并按照相关预案和领导要求开展工作。重大信息，根据领导意见，报告市政府。

5. 应急信息的主要内容

（1）事件发生的基本情况，包括时间、地点、规模、涉及人员、破坏程度以及人员伤亡等。

（2）事件发生起因分析、性质判断和影响程度评估。

（3）事发幼儿园、当地人民政府及有关部门已采取的措施。

（4）园内外公众及媒体等各方面的反应。

（5）事态发生状态、处置过程和结果。

（6）需要报送的其他事项。

（二）先期处置

安全领导小组接到事故报告后，立即启动应急处置预案。应急处置工作组迅速赶往现场，保护好事故现场，必要时做出标志、拍照、详细记录和绘制事故现场图，并妥善保护现场重要物证等。

二、应急处置

幼儿园举办的各类大型文体活动，要制定详细的活动预案，并按有关规定做好专项安全保卫措施。

（1）大型活动发生安全事故，如发现和确认建筑物或构筑物出现严重安全隐患、电器设备或其他物品爆炸，收到恐吓电话、发现可疑物品、电线断路起火，发生火灾事件，活动特别拥挤，且无序进行，人员伤亡，自然灾害无法进行等，要在第一时间报告园长，由园长根据预案和实际情况现场发布停止或疏散命令。

（2）应急预案启用后，领导小组人员按照分工和职责要求，全面进入紧急工作状态。

（3）如果师生出现伤情，立即组织人员送往人民医院救治或向120急救中心求助，情况紧急报警救助。

（4）活动组织者和安全工作负责人要稳定师生情绪，维护现场秩序。立即确定疏散路线，并组织人员疏通所有安全通道，排除障碍，引导人员分流，确保人员安全疏散，尽力避免继发性事故的发生。

（5）阻止无关人员进入相关区域。

三、注意事项

（1）园长应根据险情结束隐患消除后，宣布应急状态的终止。

（2）原危险区域事故发生点的警戒撤除与否，必须园长决定。

（3）应急预案终止后，园长应立即组织人员对事故的发生原因作出调查，并就事故原因、经过、经济损失、经验教训等作出书面报告。

（4）宣传、培训与演练：

① 加强防震、防汛抗灾及避险知识宣传，提高师生的防灾减灾能力。

② 培训结合幼儿园的实际，采取多种组织形式，开展定期与不定期培训，每年至少组织一次培训。培训工作应严格考核，保证培训工作质量。

③ 演练。定期举行应急演习，以检验、改善和强化应急准备和应急响应能力。

幼儿园防震应急预案

为保证我园师生在地震发生前后快速、有序、高效地实施地震应急工作，最大限度地减轻地震灾害造成的损失，依据《中华人民共和国防震减灾法》《破坏性地震应急条例》，结合幼儿园工作实际，特制定本预案。

一、工作原则

统一领导，分级分组负责，资源整合，分工协作，协调一致，服从全局，紧急处置，权责一致。

二、地震应急机构

成立地震应急工作领导小组，破坏性地震发生后或临震预报发布后，领导小组立即转为"抗震救灾指挥部"，组织领导地震应急工作。领导小组组成如下：

组　长：胡文峰

副组长：姚　慧　荆　涛

组　员：分管副园长　级部主任　安全办主任　各班班主任（具体人名略）

职　责：负责指挥协调，及时掌握情况，并向上级领导汇报，贯彻传达领导的命令，组织有关各组人员按预案对现场进行果断处理，并调配人力、物力资源，进行抢险救灾。

三、应急措施

（1）接到上级地震、临震预（警）报后，领导小组立即进入临战状态，依法发布有关消息和警报，全面组织各项抗震工作，各有关组织随时准备执行防震减灾任务。

（2）组织有关人员对所属建筑进行全面检查，封堵、关闭危险场所，停止各项室内大型活动。

（3）加强对幼儿食堂、活动室等设备、场所的防护，保证防震减灾工作顺利进行。

（4）发生地震时，教师要先看清自己所处的位置，要有序组织幼儿，坚持幼儿优先原则，尽力保护幼儿安全。

（5）平时要教育幼儿地震中的逃生及自护的基本方法，熟悉几条逃生路线。

（6）教育幼儿不能慌张、哭闹或随意乱跑，要听从成人的指挥，以免造成更大的伤害。

（7）成人要学会如何保护好幼儿，如果在室外活动要把幼儿集中到操场中间空旷场地或集中在树木周围。如果在室内不要试图跑出楼外，最安全、最有效的办法是及时躲到两个承重墙之间最小的房间，如洗手间、厕所等，也可以躲在桌、柜等下面以及房间内侧的墙角，并且注意保护好头部，千万不要去窗下躲避。趴下时，头靠墙，使鼻子上方双眼之间凹部枕在横着的双臂上面，闭上眼和嘴，用鼻子呼吸。如果是正在睡觉要叫醒幼儿并有序组织幼儿躲在床底下或墙脚下。

（8）时刻与幼儿在一起，鼓励幼儿及给予幼儿心理上的安慰。

（9）按预案落实各项物资准备。

四、震后应急行动方案

地震发生后如果能撤离要迅速组织教职工及幼儿撤离到安全地带，并由领导小组及时上报灾情，房屋损坏及人员伤亡情况，同时保健医生要实施救助工作。其他水、电等维护工作由杜文则负责；各班班长及教师做好师生思想工作，消除地震恐惧感。如果地震发生后不能迅速撤离或被困于室内或被建筑物挤压等千万不要惊慌，要就近检查幼儿身体状况，并尽量为幼儿找到饮食，同时不能盲目采取措施，要懂得发出报险信号，等待救援。

五、其他要求

（1）要求园领导及全体员工一定要在思想上高度重视，切实把保护教职工及幼儿生命和国家财产安全放在首位。地震发生后一定坚守岗位，认真履行职责，不得擅自脱岗和玩忽职守。凡因不负责任，玩忽职守造成幼儿园财产和幼儿生命安全事故的，要追究其法律责任。对在抢险救灾工作中做出突出贡献的要给予表彰奖励。

（2）幼儿园内必须坚决实行24小时值班制度。要加强巡视，发现异常及时上报。

（3）领导小组要做好疏散路线和避难安置场所等方面的准备工作。

（4）幼儿园在临震应急期内停止一切教学活动。

落实安全"三化"管理，
打造学前教育安全工作新样板

近年来，在市委、市政府、社会各界的关心支持下，在市教体局的正确领导下，滕州市实验幼儿园形成"五园一体加联盟帮扶集团化"办园格局。幼儿园以办好人民满意的学前教育为目标，以"安全守园，质量立园，师质强园，科教兴园"为发展方向，以创建"平安和谐校园"为载体，坚持"生命至上、安全第一"中心理念，实现安全管理"规范化、网格化、清单化"，为幼儿健康成长、全面发展提供强有力的保障。

具体工作主要从健全制度、细化责任和聚焦重点等三个方面汇报：

一、健全制度，实现安全管理规范化

滕州市实验幼儿园认真组织学习、领会各级关于学校幼儿园安全工作的要求，结合工作实际，完善幼儿园安全工作领导机制；制定编写了《滕州市实验幼儿园安全管理十项制度》，装订成册，下发到各分园、各部门、各班组；并在实操中，不断反思总结完善，各项制度每年修订一次，以此作为幼儿园安全工作行为规范。

完善幼儿园安全工作目标管理责任制，与园内30个重点安全岗位人员签订

"安全履职践诺责任书",将安全责任层层分解,明确到人;树立人人都是安全管理员的意识,形成人人想安全、人人抓安全的良好局面。

二、细化责任,实现安全管理网格化

充分发挥幼儿园园委会的监管作用,坚持总园长为第一责任人,执行人员为分园直接责任人,依次类推编制幼儿园安全管理网络图;落实"一岗双责",统筹管理全园安全工作,明确各分园、各岗位安全负责人及职责,五园一体网格化管理。各分园相应成立安全工作领导小组和安全工作处置小组,统筹安排部署各个园所安全管理工作,做到年初有计划部署,平时有督导检查,年终有总结反思。

立足实际,各分园根据园所整体布局,按教学楼、户外场地、园所入口等重点区域,划分三级安全维度网格。同时,各网格实行"挂牌管理",明确网格责任人、安全责任和责任区域,随时接受监督,做到"责任全覆盖,监管无盲区"。

三、聚焦重点,实现安全管理清单化

1. 建立安全隐患排查清单

将每周一定为安全隐患排查日,每周五定为隐患整改复查日,组织人员对幼儿园消防、用电、大型玩具、安保器械、视频监控、防疫物资等进行安全检查,查找安全隐患点,并明确整改措施和整改时限。安排专人负责分别填报各分园"山东省学校安全管理系统",及时上传各类安全信息。同时,与属地社区合作,定期开展周边环境巡查,掌握风险点,联合社区协同整治。根据属地管理要求,各园联合属地派出所,组织家委会志愿者,设立"护学岗",以保障幼儿入园、离园时的安全。为香舍水郡园和樱花苑园安装一键报警装置,对府前路园和北园的安全设备进行了提档升级。

2. 建立安全教育内容清单

把安全教育融入幼儿一日生活,抓住关键节点,合理安排教育内容,上好安全教育第一课。扎实开展"1530"安全教育,涵盖交通、防溺水、防欺凌、防拐骗、防食物中毒等安全知识教育,让每个孩子牢固树立尊重生命、爱惜生命的意识。我们还通过微信群、美篇、公众号、致家长一封信、线上家长会、亲子消防演练、亲子防溺水安全绘画展等多种形式，提升家长担负安全责任、树立安全防范意识，帮助家长履行监护人责任。

3.建立应急处置预案和演练清单

结合园所实际和幼儿的年龄特点，制定了幼儿园安全与突发事件的应急处置预案，包括7个专项应急预案和7个现场处置方案；完善了信息保障、物资保障、人员保障和经费保障等，并通过定期组织演练进一步提高全员应急处置能力。

4.建立特异体质儿童清单

组织幼儿定期体检，加强传染病、流行病的监测与预防，完善各园幼儿健康档案。我园将每周三定为特殊群体幼儿跟踪咨询日，通过排查摸底，对特殊群体幼儿实行清单管理，与家长共享幼儿信息，时刻关注幼儿身心健康成长。

四、结语

安全无小事，责任重于山。幼儿安全关系到千家万户；一直以来，我园始终坚持把保护幼儿的生命安全和健康放在工作首位；今后，我们将持续围绕"珍爱生命，安全第一"这一永恒主题，不断探索幼儿园安全工作的新思路、新举措，为打造平安和谐文明滕州教育，打造学前教育安全工作新样板，再谱学前教育安全工作新篇章，贡献力量。

第三章

滕州市实验幼儿园安全目标责任书

幼儿园分园园长安全工作履职践诺责任书

为进一步贯彻落实教育部《中小学幼儿园安全管理办法》《幼儿园工作规程》《山东省学校安全条例》等文件精神，扎实做好2020年度幼儿园安全工作，按照"谁主管，谁负责；谁主办，谁负责"的原则，特签订本安全工作目标管理责任书。

一、安全责任目标

实施"校园安全123"工程，园内安全责任事故和幼儿非正常死亡人数为零。

二、责任内容

（1）人人签订"安全履职践诺责任书"。参照教育部《中小学校岗位安全工作指南》，结合幼儿园实际情况，进一步明确园长、分管园长、安全主任、班主任、教师、保育员、食堂管理员、后勤管理员、保安人员等具体的岗位职责。把职责内容变成履职践诺责任书，构建"全员安全员，人人负责安全，事事有人负责"的安全管理格局。

（2）建立两本安全台账。一是安全隐患排查整改台账。严格按照"周查月报"要求，坚持定期检查与不定期排查整治相结合，做好自查整改台账，明确整改措施、整改时限及责任人。二是特殊群体幼儿工作台账，对特异体质幼儿（先天性心脏病、脑血管、体弱、肥胖等），单亲家庭幼儿，留守儿童，性格孤僻、多动好斗、顽皮幼儿等，建档立卡，明确专人盯防看护帮包，靠上做护导、心理疏导、行为引导等教育转化工作，努力让每个幼儿都健康成长。

（3）落实幼儿园安全"三个百分百"措施。以公安部、教育部下发的《中小学幼儿园安全防范工作规范（试行）》为标准，确保幼儿园封闭化管理达到100％，专职保安配备达到100％，一键式报警、监控联网达到100％。

（4）每学期至少组织一次全员培训。定期联合公安、司法、应急、市场监管、卫生健康等部门，对班主任、课任教师、保育员、食堂工作人员、安保人员等分类开展培训活动，掌握基本急救常识和防范、避险、逃生、自救的基本方法，在紧急情况下应当优先保护幼儿的人身安全，培训率达到100％，切实提升校园安全管理的法制化水平。

（5）加强安全教育和应急演练。幼儿园应当把安全教育融入日常生活，做到有计划、有教材、有教师、有教案、有检查，安全课开课率达100％。结合幼儿的年龄特点和心理发育特征，采用适合幼儿接受的"十防教育"，即防溺水、防交通事故、防暴力欺凌、防火防触电、防拥堵踩踏、防拐骗、防食品中毒、防自然灾害、防意外伤害、防传染病传播等教育活动，受教育率达100％，师生参与演练率达100％。

（6）每周至少召开一次安全工作会议，分析安全工作形势，研究解决工作中存在的问题，并整理好会议记录。每周对门卫、监控、器械、院墙、教室、就寝场所、功能室、玩具、消防、用电、食堂等重点部位组织一次隐患排查，明确整改责任和整改期限，隐患整改率达100％，切实消除安全隐患。

（7）提升安全科技化预防水平。严格落实年度安全投入预算不低于经费的5％的支出资金，对监控系统进行升级改造，视频资料储存时间不低于30天，在园门口设置防撞设施。按照消防法律法规，配备标准消防设施和器材，积极创造条件设置幼儿园消防站。

（8）按照《中华人民共和国食品安全法》和《枣庄市中小学校食堂管理暂行办法》的要求，加强园内食堂和配餐管理，推进食堂明厨亮灶和流程标准化建设，落实园长陪餐、家长餐桌和周自查、月度自查制度，及时消除食堂安全隐患，制定食品安全事故应急预案，并定期组织演练。

（9）按照《关于进一步做好校方责任保险有关工作的通知》（鲁教安字〔2017〕11号）要求，做好所有在园幼儿校方责任险的投保工作，投保率达到100％。

（10）幼儿园的园舍应当符合国家和地方的建设标准，设施、装修装饰材料、用品用具和玩教具材料等，应当符合国家相关的安全质量标准和环保要求，幼儿园不得设置在污染区和危险区，不得使用危房，幼儿活动要在老师视线之内。依法维护学校周边秩序，保障师生和幼儿园的合法权益。

（11）严格执行家长接送制度，入园幼儿应当由监护人或者其委托的成年人持卡接送，出现特殊情况时家园要及时取得相互联系落实好晨午检及全日健康观察制度，做好传染病预防工作，加强环境检查、日常消毒等工作。严格落实"一巾一杯"制度，日常用品专人专用，每天消毒。午睡室要通风清洁，不得有异味，床单被褥要勤洗勤晒。

（12）严格履行事故报告制度，成立突发事件处置领导小组，明确专人负责，妥善处理学生伤害、网络舆情和疫情报告，遇到突发事件立即启动应急预案，并第一时间上报。特别是发现疫情异常师生，要做到早发现、早报告、早隔离、早治疗对安全工作落实不到位，责任不明确的进行约谈；对工作不力，年内发生安全事故或网络舆情管控出现重大影响事件以及受到上级部门多次批评或黄牌警告的，实行"一票否决"制度；对发生安全责任事故的，依法追究责任单位及责任人责任。

本责任书一式两份，自签订之日起生效，有效期为一年。若因重大人事调整接任岗位者，即承担相应安全责任，责任书不再另行签订。

主管单位（章）：　　　　　　　责任人：

责任单位（章）：　　　　　　　责任人：

二〇二〇年　月　日

幼儿园业务园长安全工作职责

为认真贯彻落实《中小学幼儿园安全管理办法》和省、市教育局关于中小学幼儿园安全工作的一系列文件精神，按照"一岗双责"的要求，切实做好幼儿园安全工作，落实责任如下。

（1）幼儿园教育教学工作安全第一责任人，对幼儿的安全教育负主要责任全面落实《中小学幼儿园安全管理办法》等有关幼儿园安全的法律和法规，建设平安和谐校园。

（2）加强教师安全责任意识教育，制定教学要求，结合幼儿的年龄特点，定期开展安全教育进课堂的教研活动。指导教师根据幼儿年龄特点，采取多种形式，将安全教育融入教育教学中。

（3）结合幼儿年龄特点和教育要求，负责制订集体活动方案和应急逃生预案。每学年至少组织两次安全演习，如防火、防震等，以增强幼儿的防范意识。

（4）落实本园教学日常安全的巡查和督促制度。凡是幼儿经过的地方及活动场地要经常检查，督促有关人员不准乱放杂物；负责幼儿集体活动的组织工作和安全防范、处置工作。

（5）做好幼儿园的安全教育培训工作，严格执行幼儿园的安全教育规定，及时进行检查、督导，将幼儿的安全教育落到实处。

（6）负责督促检查幼儿园的日常教学秩序、管理程序和卫生、安全以及保教人员规范操作、幼儿的行为习惯，以及设备设施、活动器械的检查。

（7）协助园长和分管安全的园长，做好幼儿园的一切安全工作。

分管领导（签字）：　　　　　　　责任人（签字）：

二〇二〇年　月　日

幼儿园后勤园长安全工作职责

坚持"安全第一，预防为主"的原则，认真落实《山东省中小学幼儿园安全管理暂行办法》和相关校园安全工作一系列的文件精神，按照"一岗双责"要求，切实做好幼儿园安全工作，落实业务园长安全责任如下。

（1）安全工作的主要责任人，兼安全管理干部、安全联络员，负责及时传达上级安全管理行政部门的工作要求，协助幼儿园园长负责幼儿园日常安全管理工作。

（2）负责制订幼儿园年度安全工作计划，拟写年终安全工作总结，供幼儿园安全工作领导小组审定。落实安全管理目标责任制要求，兑现奖励承诺。

（3）协助幼儿园领导制定和健全安全工作规章制度，督促检查执行情况，制定突发事件应急预案，组织预案演练。

（4）协助园长开展幼儿园安全检查和安全专项整治，及时发现事故隐患，落实整改措施，确保幼儿园平安。特别是抓好体育器材的安全管理。

（5）组织开展安全宣传教育活动，提高广大师生、教职工的安全意识、安全知识和安全技能。督促幼儿园领导、有关人员依法参加安全岗位培训，持证上岗。

（6）认真学习安全工作法律法规，参加岗位培训，较好掌握基本安全知识和安全技能。

（7）加强与公安、城管、工商、卫生等部门的联系和协调，做好幼儿园周边环境的治安、保卫工作。

（8）负责做好幼儿园各项安全记录，收集整理安全管理基本资料，做好归档工作。

（9）做好幼儿园设施设备器材的安全检查和安全隐患整改。

（10）负责幼儿园消防工作，定期检查并更换各种消防器材，责任到人。

分管领导（签字）：　　　　责任人（签字）：

二〇二〇年　月　日

幼儿园教研主任安全工作职责

为认真贯彻落实《中小学幼儿园安全管理办法》和省、市教育局关于中小学幼儿园安全工作的一系列文件精神，按照"一岗双责"的要求，切实做好幼儿园安全工作，落实责任如下。

（1）幼儿园教育教学工作安全责任人，对幼儿的安全教育负主要责任，全面落实《中小学幼儿园安全管理办法》等有关幼儿园安全的法律和法规，建设平安和谐校园。

（2）加强教师安全责任意识教育，制订教学要求，结合幼儿的年龄特点，定期开展安全教育进课堂的教研活动。指导教师根据幼儿年龄特点，采取多种形式，将安全教育融入教育教学中。

（3）结合幼儿年龄特点和教育要求，负责制定集体活动方案和应急逃生预案。每学年至少组织两次安全演习，如防火、防震等，以增强幼儿的防范意识。

（4）落实本园教学日常安全的巡查和督促制度。凡是幼儿经过的地方及活动场地要经常检查，督促有关人员不准乱放杂物；负责幼儿集体活动的组织工作和安全防范、处置工作。

（5）做好幼儿园的安全教育培训工作，严格执行幼儿园的安全教育规定，及时进行检查、督导，将幼儿的安全教育落到实处。

（6）负责督促检查幼儿园的日常教学秩序、管理程序和卫生、安全以及保教人员规范操作、幼儿的行为习惯，以及设备设施、活动器械的检查。

（7）协助园长和分管安全的园长，做好幼儿园的一切安全工作。

分管领导（签字）：　　　　　　　责任人（签字）：

二〇二〇年　月　日

幼儿园班主任安全工作职责

为认真贯彻落实《中小学幼儿园安全管理办法》和省、市教育局关于中小学幼儿园安全工作的一系列文件精神，按照"一岗双责"的要求，切实做好班级安全工作，落实责任如下。

（1）班主任为本班安全工作第一责任人，应严格执行幼儿园的班主任岗位职责，全面负责班级人、财、物的管理，对发现的幼儿园工作中存在的安全问题提出有效措施和建议。同时注重通过多种形式向家长宣传安全教育的知识，以保证家园安全教育的同步性。

（2）认真贯彻执行国家有关安全工作的各项法律、法规，积极开展社会主义法制宣传教育，增强法制观念，努力提高自觉遵纪守法、维护本单位安定团结的意识。

（3）将安全工作列入班级的重要工作日程。按时参加幼儿园的安全工作会议，认真做好安全会议记录，及时准确地将上级领导的安排和意图传达到班组成员，起到上传下达的作用，避免因沟通脱节引发安全问题。

（4）积极参加园里组织和倡导的各项安全演练和安全演习，督促班级教师认真开展幼儿安全教育课程，并能经常进行随机安全教育，教幼儿学习自我保护。

（5）定期对班级的环境及其设备设施进行深入细致的安全检查，发现隐患及时采取措施解决，自己不能解决的应及时上报办公室要求排除，以防失火、触电、砸伤等事故的发生。

（6）督导本班级成员严格、规范地实施幼儿园的各项规章制度和流程，并及时、准确地填写各项记录，包括交接班记录、缺勤原因记录、消毒记录等。

（7）高度重视并加强班级一日生活各环节的安全管理，日常工作中应加强幼儿的安全教育，增强幼儿的安全意识，防止碰伤、抓伤、烫伤、吞食异物或幼儿将异物放入眼、耳、鼻、口内等事故发生。

（8）幼儿的玩教具应该符合安全卫生要求，严禁使用有害、有毒物质制作教具、玩具。而且要严格玩教具的卫生消毒制度，根据本园消毒卫生要求，及时对玩教具进行清洗、消毒。

（9）严格执行"接送卡"制度。根据本园接送卡使用要求，确保幼儿人身安全，防止不法分子滋扰幼儿。日常工作中要坚决杜绝幼儿走失现象的发生，定时及不定时地清点幼儿数量，发现走失及时上报、处理。

（10）加强午睡时的值班纪律，值班教师要切实履行职责，不做与值班不相干的事情，随时为幼儿纠正睡姿、盖好被子，观察幼儿有无异常，保证幼儿的午睡安全。

（11）切实加强对班级安全工作的领导。各班主任要严肃对待班级安全工作，并与班级其他人员商定安全责任落实问题，对因玩忽职守酿成重大影响的有关人员，要依法依纪严肃查处。

（12）要严格执行安全工作"一票否决制"，严格执行幼儿园的各项安全制度班级出现安全问题要与每月、每学期、每年度的工资结合起来，并与学年度的评优、晋升结合起来。

分管责任人（签字）：　　　　　　　班级责任人（签字）：

二〇二〇年　月　日

幼儿园教师安全工作职责

为认真贯彻落实《中小学幼儿园安全管理办法》和省、市教育局关于中小学幼儿园安全工作的一系列文件精神，按照"一岗双责"的要求，切实做好班级安全工作，落实责任如下。

（1）认真学习、落实幼儿园各项规章制度、流程，严格教师岗位责任制及一日工作规程，是当班时的安全第一责任人。

（2）加强每天班级的例行检查，发现特殊情况或安全隐患应及时向班主任或分管园长汇报，重大问题直接向园长汇报。

（3）根据不同幼儿的年龄特点，做好各种集体活动之前的安全宣传教育。健全班级联系网络，便于发生突发事件时及时通知幼儿家长。主动加强与早、晚值班教师、家长的联系，做好安全宣传教育工作。

（4）根据《幼儿园工作条例》和《3—6岁儿童学习与发展指南》，熟悉相关年龄段的健康教育大纲教学要求，制定体育活动、户外（雨天户内）游戏活动安全保护措施和突发事件应急预案。

（5）做好活动前安全准备工作。认真检查教学用运动器械及场地的安全性。掌握教学班特异体质、特定疾病幼儿的身体情况。

（6）按照幼儿园的规定及幼儿的年龄特点等，及时向幼儿进行安全教育活动，加强幼儿的安全意识和安全知识教育及安全技能培养和训练，提高幼儿自我保护的能力。活动前对幼儿进行安全教育，进一步增强幼儿自我保护意识，充分做好幼儿的准备热身运动。在体育教学中，加强讲解和示范，发现幼儿有不正确或违规运动，及时劝阻和纠正。对运动量大、有危险性的项目必须加强保护措施。

（7）在教学中，教师必须自始至终在现场组织指导，幼儿的活动始终在教师视野范围内，不得擅自离岗，以防幼儿伤害事故的发生。一旦发生意外伤害事故，应及时将幼儿送幼儿园保健室救治，或配合保健医送医院治疗。同时报告幼儿园分管园长，通知班主任和幼儿家长。

（8）活动后应及时收回体育用具或教具，将体育器材或教具放置在安全的地方，悬挂好告示标志。

（9）负责本班幼儿发生意外伤害事故的现场处置、联系家长等事宜。

分管责任人（签字）：　　　　　　　　班级责任人（签字）：

二〇二〇年　　月　　日

幼儿园保育员安全工作职责

为认真贯彻落实《中小学幼儿园安全管理办法》和省、市教育局关于中小学幼儿园安全工作的一系列文件精神，按照"一岗双责"的要求，切实做好班级安全工作，落实责任如下。

（1）认真学习、落实幼儿园各项规章制度、流程，严格保育员岗位责任制及一日工作规程。保育员是本班保育工作安全第一责任人。

（2）严格执行消毒制度。按要求规范做好幼儿的水杯、毛巾、玩具、垫被、教室各类物品等的清洁、消毒工作（注：工作时要穿工作服，防止消毒液、洁厕灵等伤到身体），保持环境整洁，及时开窗通风。

（3）做到活动室、盥洗室干净、整洁，保持地面干爽，防止因湿滑带来的安全隐患。

（4）注意个人卫生，做好健康检查，做到"四勤"，即勤理发、勤换衣、勤洗澡、勤剪指甲，并在盛饭时戴工作帽和口罩。

（5）对自己保管的工具、用品，要定点存放，消除安全隐患；协助教师妥善保管好幼儿的衣服、设备、用具等。

（6）协助教师检查活动室的安全隐患，发现问题，及时解决或上报。

（7）配合教师做好活动前的准备，保证材料场地的安全；协助教师组织幼儿的外出活动，及时为出汗幼儿擦汗等，做到耐心、细心，保证幼儿安全。

（8）严格执行幼儿园的安全制度，做到操作规范。注意幼儿食品温度是否适宜，防止烫伤。

（9）协助教师做好本班幼儿的疾病预防工作，防止传染病的流行。并及时提醒幼儿喝水。

（10）配合教师做好幼儿的安全教育工作，严禁体罚和变相体罚幼儿。

分管责任人（签字）： 责任人（签字）：

二〇二〇年 月 日

幼儿园教育教学设施安全责任书（一）

　　为认真贯彻落实《中小学幼儿园安全管理办法》《中小学幼儿园安全防范工作规范（试行）》和省、市教育局关于中小学幼儿园安全工作的文件精神，切实做好幼儿园安全工作，确保师生安全，明确责任人具体责任如下。

　　（1）做好玩教具安全使用监督、检查工作，及时记录备案，一月汇总一次。

　　（2）负责幼儿园大中型玩具等教育设施的安全管理工作。

　　（3）负责幼儿园体育器械等教育设施的安全管理工作。

　　（4）每日检查安全情况，发现不安全因素及时采取措施，消除隐患，保证不发生因失修等引发的安全事故。同时，以安全检查表格的形式做好检查、检修记录，一周上报一次。

　　如因责任人失职造成物品损坏，或人身伤害，从严追究责任人责任或追究责任人法律责任。

　　分管领导（签字）：　　　　　　　责任人（签字）：

　　　　　　　　　　　　　　　　　　二〇二〇年　月　日

幼儿园教育教学设施安全责任书（二）

　　为认真贯彻落实《中小学幼儿园安全管理办法》《中小学幼儿园安全防范工作规范（试行）》和省、市教育局关于中小学幼儿园安全工作的文件精神，切实做好幼儿园安全工作，确保师生安全，明确责任人具体责任如下。

　　（1）负责幼儿园门窗、楼梯防护栏、楼房通道、管道、儿童床、桌椅、橱柜等教育设施的安全管理工作。

（2）负责幼儿园水、电、暖、消防等教育设施的安全检修工作。

（3）负责幼儿园多媒体、电脑、监控等电教设施的安全管理工作。

（4）每日巡查教学楼、办公楼、院落，检查幼儿园所管理教学设施的安全情况，发现不安全因素及时采取措施，消除隐患，并做好检查、检修记录，一周上报一次。

（5）及时清理院中的砖瓦、石块、玻璃、棍棒等不安全因素，确保幼儿户外活动安全。

如因责任人失职造成物品损坏，或人身伤害，从严追究责任人责任或追究责任人法律责任。

分管领导（签字）：　　　　　　　责任人（签字）：

二〇二〇年　月　日

幼儿园保健员安全工作责任书

为认真贯彻落实《中小学幼儿园安全管理办法》《中小学幼儿园安全防范工作规范（试行）》和省、市教育局关于中小学幼儿园安全工作的一系列文件精神，按照"一岗双责"要求，规范保健员的安全责任感，提高安全意识，结合本园保健工作的特点，签定责任书如下。

（1）对全园工作人员进行卫生安全、保健知识的培训。落实各项卫生保健制度，做好幼儿健康测查、体弱、特异、肥胖儿的管理及保健宣教等工作；做好全园幼儿及教职工的健康体检工作，组织教职工每年定时体检，办理好健康证。对因身体原因不能从事幼儿园工作的职工或入园幼儿要及时上报园领导。

（2）每天坚持做好晨午晚检及全日观察的检查工作，加强对生病幼儿及体弱、肥胖幼儿的追踪、管理。

（3）负责常备用品的购买，保管好隔离室、保健室等配备的物品，所用物品专人负责保存。

（4）根据季节特点认真做好传染病预防工作，传染病流行期间密切配合上级防疫部门做好防疫工作，及时上报疫情，并采取严格的消毒隔离措施控制疫情发展。

（5）全面负责检查、评比和落实各项卫生保健工作，负责检查监督全园各部门的日常消毒、室内通风清洁、幼儿每人一巾一杯、被褥清洗晾晒等情况，并定期公布检查结果，保证无卫生死角，定期开展灭蚊、灭蚁等指导，保证全园环境卫生安全。

（6）如发生安全意外事故，及时上报园领导，不可隐瞒，并及时用正确方法处理，或及时送医院就诊，并登记存档。

（7）指导各班做好卫生保健及防暑降温、防寒保暖工作，检查幼儿进餐及午睡的安全管理工作。

如因思想松懈，安全措施不到位，在岗位未尽责造成安全责任事故的，将严肃追究责任人的责任。

分管责任人（签字）：　　　　　　　　责任人（签字）：

二〇二〇年　　月　　日

幼儿园保洁员工作责任书

为创造一个温馨舒适的教学环境，进一步规范保洁员工作流程，提高保洁员的工作效率和质量，落实责任如下。

（1）严格遵守幼儿园各项规章制度，遵守考勤制度，按时上下班，不迟到、早退，不旷工离岗，工作时间不干私活，不做与工作无关的事情。

（2）文明服务、礼貌待人，并注意保持个人的仪容仪表，树立良好形象。

（3）爱岗敬业，听从工作分配，在规定时间内按照工作标准，保质保量地完成分管区域内的保洁工作。

（4）清洁过程若发现有设备设施损坏、故障等安全隐患，要及时报告园领导，并有义务监视事态过程或采取有效措施，控制事态发展，积极协助专业人员排除故障。

（5）妥善保管清洁工具和用品。

（6）认真完成园领导临时交办的其他任务。

具体要求：

① 负责教学楼走廊及公共区域的卫生清扫保洁工作。

② 墙裙、展板要做到勤擦勤洗，确保无灰尘、污迹。

③ 楼梯、扶手、窗台、所属包干区域墙壁板块等，每天至少擦洗三次，确保无灰尘、纸屑、杂物，并随时做好保洁工作。

④ 每天要对所属区域进行巡查，发现杂物、纸屑、垃圾要及时清除，保持清洁。

分管领导（签字）： 责任人（签字）：

二〇二〇年 月 日

幼儿园食堂食品安全保健员目标责任书

（1）遵守园内各项制度，坚守工作岗位，负责制订各个公共场所消毒、通风工作计划。

（2）负责消毒液的配制，并每天向食堂发放。监督操作间的消毒工作。

（3）科学合理地制订营养食谱，定期进行营养分析，了解幼儿每天的饮食情况，及时与食堂联系。

（4）认真执行卫生检查制度，协助厨师班长每天对食堂从业人员工作服穿戴、环境消毒、通风情况进行检查并记录。

（5）把好食品质量关，每日对留样食品登记、伙食质量进行监督。

（6）协助分管领导定期对食堂从业人员进行法律法规、食品安全知识培训，并有计划、有备课、有考试、有奖惩。

如达不到上述要求、措施不得力导致严重后果的，追究当事人的一切责任。

分管领导（签字）： 责任人（签字）：

二〇二〇年 月 日

幼儿园食品安全验收员目标责任书

坚持"安全第一，预防为主"的原则，认真落实《中小学幼儿园安全管理暂行办法》和相关校园安全工作一系列的文件精神，切实做好幼儿园食品安全工作，确保师生安全，促进食堂工作人员规范操作，落实责任如下。

（1）查验供货方运送食品安全的状况和质量，并做好验收和入库记录，因供货方原因造成的食物变质、假冒伪劣、质次、损坏、过期等情况，有权拒收。对检查中发现的不符合安全要求的行为及时制止并上报分管园长。

（2）食品入库前应要求供货方提供食品生产单位的营业执照、食品经营许可证、食品检测报告的扫描证件，必须加盖供货单位公章存档。

（3）对食品安全检验工作进行管理，重点加强对食品采购索票索证、验收、台账登记等管理，票证齐全。

（4）建立食品安全管理档案。

分管领导（签字）：　　　　　　责任人（签字）：

二〇二〇年　月　日

幼儿园食堂仓库保管员安全责任书

为认真贯彻落实《中小学幼儿园安全管理办法》《中小学幼儿园安全防范工作规范（试行）》和省、市教育局关于中小学幼儿园安全工作的一系列文件精神，按照"一岗双责"要求，切实做好幼儿园安全工作，落实安全责任如下。

（1）每天对采购的食品、原料等做好验收登记，及时索票索证，做好进、出物品的台账记录。

（2）定型包装食品按类别、品种上架摆放，张贴标识牌，注明食品名称、质量、进货日期等。

（3）散装易霉变食品经常检查，储存容器加盖密闭存放。

（4）食品与非食品不混放，与消毒药品、有强烈气味的物品，不同库储存。

（5）仓库经常开窗通风，保持干燥。

（6）冰箱经常定期除霜，保持冰箱清洁卫生，正常使用。

（7）经常检查食品质量，发现食品变质、发霉、生虫等及时处理更换。

（8）做好防鼠、蝇、蟑螂等虫害防护工作。

（9）分工包干定期大扫除，保持仓库室内外清洁。

如达不到上述要求，因失职造成严重后果的，追究当事人的一切责任。

分管领导（签字）：　　　　　　　　　责任人（签字）：

二〇二〇年　月　日

幼儿园餐具消毒人员责任书

坚持"安全第一，预防为主"的原则，认真落实《山东省中小学幼儿园安全管理暂行办法》和相关安全工作一系列的文件精神，切实做好幼儿园食品安全工作，确保师生安全，校园安全稳定，特签订安全责任书。具体责任如下。

（1）负责餐具的洗涤、消毒工作，餐具使用前必须洗净、消毒，餐后收回的餐具（含未用）及时清洗消毒。

（2）从事餐具消毒工作的人员，必须着工作服，持健康证上岗，注意个人卫生，否则不得从事餐具消毒工作。

（3）餐具根据不同消毒方法，应按规定的操作程序进行，即①热力消毒按除残渣—洗涤剂洗刷—流水冲洗—蒸汽消毒30分钟—保洁柜存放程序进行；②餐具配送到班级，注意做好保洁，做好防止污染。

（4）餐具的洗涤池与消毒池分开，并有明显的标记和足够的容积，不得一池多用；池子内外壁要完整、光洁，下水道通畅；污物要有盛装容器，并加盖，当日清除；洗涤剂的使用量、作用时间，应在保健医生指导下，根据使用的性能和有关要求进行配制和操作；清洗消毒完毕后将洗碗池、消毒柜及其他设施冲洗干净。

（5）消毒人员应严格按操作程序进行消毒，并接受有关部门和师生员工的检查监督。

（6）茶水房、茶水炉及时上锁，饮用水必须加热至100℃，剩水及时排放，杜绝喝隔夜水，发现饮用水异常及时处理停止饮用，并上报园领导。

（7）按时送水，水温适宜，保证幼儿的饮水需求，禁止把温度过高的水送到班级，防止幼儿烫伤。

如达不到上述要求，措施不得力导致严重后果的，追究当事人的一切责任。

分管领导（签字）： 责任人（签字）：

二〇二〇年 月 日

家长安全责任书

幼儿园安全工作目标管理家长安全责任书

一、幼儿接送

（1）家长严格遵守幼儿园的作息时间，遵守幼儿园的接送制度，做到持卡按时接送，配合好幼儿园的清园工作。

（2）入园时，家长必须将孩子送到教室与班级教师当面交接；在将孩子交给值班教师之前，幼儿的安全问题由家长负责。

（3）如有特殊原因委托他人接送时，家长要提前联系教师将被委托者之姓名、性别、年龄、特征、衣着、与孩子之间的关系告诉教师；被委托人应具备完全民事行为能力（年满18周岁以上的正常人）；交接孩子时，委托人要凭接送卡或有效证件，实行三方通话确认后，方可接走。

（4）入园前，家长要检查幼儿衣着、用具，并确保安全；幼儿来园时着装应简洁大方，便于运动，有帽子、绳索、金属装饰和带子的衣服不要给幼儿穿；不佩戴各种饰物；鞋子大小合适、便于穿脱，尽量不穿系鞋带的鞋子。

（5）家长要文明有序、穿着得体地来园接送幼儿，不大声喧哗、不穿拖鞋、不吸烟、不随地吐痰、不酒后来园，为幼儿树立好的榜样；离园时，家长不要带孩子在幼儿园内逗留、玩耍，如发生安全事故，由家长承担全部责任。

（6）家长的通讯联系方式或家庭住址如有变化，应及时告知幼儿所在班级教师，保证幼儿园和教师能随时联系到家长。同时，帮助幼儿牢记父母姓名、电话、详细住址等。

（7）未经许可，家长不得擅自进入幼儿活动室、食堂。如无特殊情况，幼儿在园期间谢绝探视。

（8）幼儿因病、事不能入园，请及时电话或信息告知本班级教师，并说明原因。

二、安全教育

（1）家长应配合教师对幼儿进行安全教育，帮助幼儿养成良好习惯；教育幼儿不将小颗粒物放入口、耳、鼻腔内。

（2）家长应教育幼儿不做危险游戏，不要让孩子携带贵重物品、危险物品入园；幼儿来园前，家长要注意检查幼儿的口袋，如发现有危险物品（如药片、铁钉、小颗粒物、小磁铁、玻璃球、碎玻璃、打火机、硬币等物品）应立即取出，放在家中，并及时对幼儿进行安全教育；不要让幼儿带零食来幼儿园。由于家长未能尽到安全检查的责任，致使幼儿藏匿、携带的违禁物件在活动中引起安全事故，家长要承担相关责任。

（3）家长应配合幼儿园对幼儿进行安全教育，增强幼儿的安全防范和自我保护意识。教育幼儿不跟陌生人搭话，不吃陌生人送的食物，不远离集体（教师）单独活动，知道遇到危险如何逃生等。

三、卫生保健

（1）幼儿如有传染病及疾病史（先天性疾病、遗传性疾病、过敏性疾病、惊厥史、先天性心脏病、心肌炎、哮喘、习惯性脱臼）、药物及食物过敏史或身体不适等特殊情况，家长必须如实告知班级教师，并配合幼儿园保健员进行书面备案，并向保健员、班级教师交代清楚，保持密切联系；如若隐瞒病史，由此引发的不良后果，由家长承担全责。

（2）家长发现幼儿患感冒、发烧、咳嗽等一般疾病，应主动留置幼儿在家休息、观察、治疗；若幼儿住院治疗，则幼儿痊愈后，家长携带幼儿病历，并经幼儿园保健员批准后，方能入园。

（3）在家中，家长如发现幼儿患传染病后，应立即与班级教师联系，以便做好全园的预防工作，并进行园外隔离，及时协助幼儿园保健员做好传染病调查、记录工作。患儿治愈后，凭确诊医院出具的复课证明，并携带病历，经幼儿园保健员审核批准后，方能入园；在幼儿园晨午检时，教师如发现幼儿体征异常，家长要带幼儿赴专业医院诊治。

班级：　　　幼儿姓名：　　　家长签字：

二〇二〇年　月　日